A reflexão e a prática no Ensino Médio

1

Língua Portuguesa: sujeito, leitura e produção

Blucher

A reflexão e a prática no Ensino Médio

1

Língua Portuguesa: sujeito, leitura e produção

Márcio Rogério de Oliveira Cano
coordenador da coleção e organizador do volume

Daniela Mara Lima Oliveira Guimarães

Helena Maria Ferreira

Larissa Ciríaco

Lúcia Maria de Assis

Luciana Soares da Silva

Márcia A. G. Molina

Márcia Fonseca de Amorim

Mauricéia Silva de Paula Vieira

Ramon Chaves

Raquel Márcia Fontes Martins

Ricardo Celestino

Rosângela Aparecida Ribeiro Carreira

autores

Coleção A reflexão e a prática no Ensino Médio – volume 1 – Língua Portuguesa: sujeito, leitura e produção

©2016 Márcio Rogério de Oliveira Cano (coord. e org.), Daniela Mara Lima Oliveira Guimarães, Helena Maria Ferreira, Larissa Ciríaco, Lúcia Maria de Assis, Luciana Soares da Silva, Márcia A. G. Molina, Márcia Fonseca de Amorim, Mauricéia Silva de Paula Vieira, Ramon Chaves, Raquel Márcia Fontes Martins, Ricardo Celestino, Rosângela Aparecida Ribeiro Carreira

Editora Edgard Blücher Ltda.

Blucher

Rua Pedroso Alvarenga, 1245, 4º andar

04531-012 – São Paulo – SP – Brasil

Tel.: 55 11 3078-5366

contato@blucher.com.br

www.blucher.com.br

Segundo o Novo Acordo Ortográfico, conforme 5. ed. do *Vocabulário Ortográfico da Língua Portuguesa*, Academia Brasileira de Letras, março de 2009.

É proibida a reprodução total ou parcial por quaisquer meios sem autorização escrita da Editora.

Todos os direitos reservados pela Editora Edgard Blücher Ltda.

Ficha catalográfica

Língua portuguesa : sujeito, leitura e produção / Daniela Mara Lima Oliveira Guimarães [et al] ; Márcio Rogério de Oliveira Cano (org.). — São Paulo: Blucher, 2016.

168 p. (Coleção A reflexão e a prática no ensino médio, v. 1 / Márcio Rogério de Oliveira Cano, coord.)

Bibliografia

ISBN 978-85-212-1045-0

1. Língua portuguesa – Estudo e ensino 2. Linguística 3. Prática de ensino 4. Leitura 5. Escrita I. Ferreira, Helena Maria II. Oliveira, Daniela Mara Lima III. Cano, Márcio Rogério de Oliveira IV. Série

16-0205   CDD 469.5

Índices para catálogo sistemático:

1. Língua portuguesa - Estudo e ensino

Coordenação, organização e autores

COORDENADOR DA COLEÇÃO E ORGANIZADOR DESTE VOLUME

MARCIO ROGÉRIO DE OLIVEIRA CANO

Professor do curso de Letras do Departamento de Ciências Humanas da Universidade Federal de Lavras (UFLA), é mestre e doutor pelo Programa de Estudos Pós-Graduados em Língua Portuguesa da Pontifícia Universidade Católica de São Paulo (PUC-SP). Desenvolve pesquisas na área de Ensino de Língua Portuguesa e Análise do Discurso. Possui publicações e trabalhos apresentados nessas áreas, além de vasta experiência nos mais variados níveis de ensino. Também atua na formação de professores de Língua Portuguesa e de Leitura e Produção de Textos nas diversas áreas do conhecimento.

AUTORES

DANIELA MARA LIMA OLIVEIRA GUIMARÃES

Licenciada em Letras, mestre e doutora em Estudos Linguísticos. Professora da Universidade Federal de Ouro Preto (UFOP), leciona disciplinas relacionadas ao ensino de Língua Portuguesa, estágio supervisionado e aquisição de língua materna. Desenvolve pesquisas na área de Ensino de Língua Portuguesa, Aquisição da Fala, e Escrita e Fonologia.

HELENA MARIA FERREIRA

Possui graduação em Letras (Português/Inglês) pelo Centro Universitário de Patos de Minas (Unipam) (1993), em Letras (Português/Espanhol) pela Universidade de Uberaba (Uniube) (2010) e em Pedagogia pela Universidade Federal de Uberlândia (UFU) (2013). É mestre em Linguística pela Universidade Federal de Uberlândia (1998) e doutora em Linguística Aplicada e Estudos da Linguagem pela Pontifícia Universidade Católica de São Paulo (PUC-SP) (2008). Atua como professora de Língua Portuguesa e de Linguística desde 1991. Foi coordenadora de extensão no Centro Universitário de Patos de Minas (2001-2010). Atualmente, é professora adjunta da Universidade Federal de Lavras (UFLA). É coordenadora do curso de Letras (modalidade presencial) da UFLA e do Projeto Institucional de Bolsas de Iniciação à Docência (PIBID – CAPES) também pelo curso de Letras da UFLA. Tem experiência na área de Linguística, com ênfase em Aquisição da Linguagem e Ensino de Língua Portuguesa.

LARISSA CIRÍACO

É professora de Linguística da Universidade Federal de Minas Gerais (UFMG) e desenvolve pesquisas nas áreas de sintaxe e semântica do português brasileiro, com particular interesse pela descrição dos verbos da língua e de suas construções de estrutura argumental.

LÚCIA MARIA DE ASSIS

Professora na Universidade Federal Fluminense (UFF), possui doutorado em Linguística, mestrado em Linguística Aplicada, graduação em Letras (Português/Inglês) e em Pedagogia. Tem experiência na área de Letras com ênfase em Linguística, atuando, principalmente, nas subáreas: Linguística Geral, Linguística Textual, Oralidade e Escrita. Além disso, tem experiência na área de Educação, na qual desenvolve pesquisas sobre linguagem e autismo.

LUCIANA SOARES DA SILVA

Professora formada em Letras, mestre e doutora em Língua Portuguesa pela Pontifícia Universidade Católica de São Paulo (PUC-SP). Desenvolve pesquisas na área da Educação e da Linguística, especialmente no âmbito da Análise do Discurso. Tem produções sobre ensino de Língua Portuguesa, discurso jornalístico, humor, gênero e violência. Atualmente, é professora adjunta do Departamento de Educação da Universidade Federal de Lavras (UFLA).

MÁRCIA A. G. MOLINA

Tem mestrado em Língua Portuguesa pela Pontifícia Universidade Católica de São Paulo (PUC-SP) (1993), doutorado em Linguística pela Universidade de São Paulo (USP) (2004) e pós-doutorado em Língua Portuguesa pela PUC-SP (2006). Atualmente, exerce suas atividades no Bacharelado Interdisciplinar em Ciências e Tecnologias da Universidade Federal do Maranhão (UFMA). É coautora de duas obras: *As concepções linguísticas no século XIX: a gramática no Brasil*, com a profa. dra. Leonor Lopes Fávero; e *Cancioneiros urbanos*, com o prof. dr. Expedito Leandro Silva. Possui artigos publicados em revistas nacionais e internacionais.

MÁRCIA FONSECA DE AMORIM

Graduada em Letras Português/Inglês pela Pontifícia Universidade Católica de Minas Gerais (2000), mestrado em Letras pela mesma universidade (2003) e doutorado em Linguística pela Universidade Estadual de Campinas (2009). Atualmente é professora adjunta da Universidade Federal de Lavras (UFLA). Atua na área de Linguística, com ênfase no estudo do texto e do discurso.

MAURICÉIA SILVA DE PAULA VIEIRA

É doutora em Linguística pela Universidade Federal de Minas Gerais (UFMG). Concluiu o mestrado em Letras pela Pontifícia Universidade Católica de Minas Gerais (PUC-MG) na área de Leitura: produção e recepção de textos. Foi colaboradora no Centro de Alfabetização, Leitura e Escrita (CEALE-UFMG), no processo de formação continuada de professores alfabetizadores e de Língua Portuguesa e na avaliação de livros didáticos para o Plano Nacional do Livro Didático (PNLD). Atualmente, é professora na Universidade Federal de Lavras (UFLA).

RAMON CHAVES

Pesquisador na Pontifícia Universidade Católica de São Paulo (PUC-SP) com bolsa de doutoramento pela Coordenação de Aperfeiçoamento de Pessoal de Nível Superior (CAPES). É mestre em Língua Portuguesa. Trabalhou por cinco anos na rede pública e privada de ensino, ministrando aulas para Ensino Fundamental II e Ensino Médio. Atualmente, passa por período de mobilidade e está sob enquadramento de estágio sanduíche na Universidade do Porto, em Portugal.

RAQUEL MÁRCIA FONTES MARTINS

Graduada em Letras (Língua Portuguesa), mestre e doutora em Linguística, é professora do curso de Letras da Universidade Federal de Lavras (UFLA). Foi professora da Educação Básica. É autora de livro didático aprovado pelo Programa Nacional do Livro Didático (PNLD) e atua na formação continuada de professores alfabetizadores e de Língua Portuguesa.

RICARDO CELESTINO

Doutorando em Língua Portuguesa pela Pontifícia Universidade Católica de São Paulo (PUC-SP), trabalha como professor de Língua Portuguesa na Escola Técnica Estadual do Mandaqui (ETEC-SP), no Centro Estadual de Educação Tecnológica Paula Souza e no curso de Letras da Faculdade de Guarulhos. Desenvolve pesquisas na área de Análise do Discurso sobre os temas discurso, ensino, mídia e literatura, e no grupo de pesquisa Memória e Cultura da Língua Portuguesa Escrita no Brasil da PUC-SP.

ROSÂNGELA APARECIDA RIBEIRO CARREIRA

É graduada em Letras (Português/Espanhol) pela Universidade de São Paulo (USP), mestre e doutora em Língua Portuguesa pela Pontifícia Universidade Católica de São Paulo (PUC-SP), especialista em Gestão e Criação de Educação a Distância (EaD) pela USP. Dedica-se à formação de professores, ao ensino em cursos de graduação e pós-graduação e à pesquisa. Atualmente, é professora do Instituto Federal do Maranhão.

Apresentação da coleção

A sociedade em que vivemos hoje é um espaço dos lugares virtuais, do dinamismo, da diversidade, mas também do consumo, da compra da felicidade e do seu envelhecimento para ser trocada por outra. Formar o sujeito em dias como esses é nos colocarmos no lugar do risco, da complexidade e do vazio que vem a ser preenchido pelos vários sentidos que esse sujeito existente produz nos espaços em que circula, mas que não são fixos. A escola é hoje um desses espaços. Em outras épocas, em lógicas anteriores, ensinar o conteúdo em detrimento da falta de conteúdo bastava; a escolha era entre aprovar e reprovar, entre a verdade e a mentira. Agora, o trabalho dessa mesma escola (ou de outra escola) é produzir o desenvolvimento desse sujeito no cruzamento de suas necessidades individuais com as do coletivo, do seu modo de aprendizagem com o modo coletivo, do local harmonizado com o global. Isso faz do ensino um trabalho árduo para contemplar essas adversidades e poder desenvolver um trabalho competente a partir delas.

Se a sociedade e a escola estão nessas dimensões, ao pensarmos em uma modalidade específica como o Ensino Médio, temos um exemplo em maior potencial de um lugar esvaziado pela história e pelas políticas educacionais. Qual a função do ensino médio em meio ao ensino fundamental e à graduação, em meio à infância, à pré-adolescência e à fase adulta? O objetivo centra-se na formação para o trabalho, para o mundo do trabalho, para os processos seletivos de entrada em universidades, para uma formação humanística ou apenas uma retomada com maior complexidade do ensino fundamental?

Em meio a esses questionamentos, surgiu o projeto dessa coleção, voltado especificamente para pensar metodologias pedagógicas para as diversas áreas que compõem o ensino médio. A questão central que se colocava para nós no início não era responder essas perguntas, mas sistematizar uma proposta, nas diversas áreas, que pudesse, ao seu término, produzir um discurso que preenchesse o espaço esvaziado dessa modalidade de ensino e que, de certa forma, se mostrasse como emblemático da discussão, propiciando outros questionamentos a partir de um lugar já constituído.

Por isso, nesta coleção, o professor que já atua em sala e o professor em formação inicial poderão ter contato com um material produzido a partir das pesquisas e reflexões de vários professores e pesquisadores de diversas instituições de pesquisa e ensino do Brasil que se destacaram nos últimos anos por suas contribuições no avanço da educação.

Aqui, a proposta contempla não formas e receitas para se trabalhar conteúdos, mas metodologias e encaminhamentos pedagógicos que possam contribuir com a reflexão do professor acerca do seu trabalho local em relação ao coletivo, bem como os objetivos de aprendizagens nas diversas instituições que formam professores.

Nossos pilares para a construção desse material foram definidos a partir das pesquisas já desenvolvidas, focando, primeiro, a noção de formação de um sujeito transdisciplinar/interdisciplinar, pois concordamos que o foco do ensino não deve ser desenvolver este ou aquele conteúdo, mas este e aqueles sujeitos. Por isso, entendemos que o ensino passou de um paradigma que era centrado no conteúdo para outro que era centrado no ensino e que agora é centrado na aprendizagem. Por isso, tendo como centro o sujeito e a sua aprendizagem, as propostas são construídas de forma a servirem de ponto de partida para a ação pedagógica, e não como roteiro fixo de aprendizagem, pois, se as aprendizagens são diferentes, todos os trabalhos precisam ser adaptados às suas realidades.

Essa ação pedagógica procura primar pelo eixo experiência--reflexão. Amparada pela história e por um ensino tradicional, a escola ainda reproduz um modelo puramente intelectivo sem, no entanto, oportunizar a experiência. Nela, ainda se faz a reflexão sobre uma experiência que não se viveu. O caminho que propomos aqui leva ao inverso: propor a experiência para os alunos e depois fazer a reflexão, seguindo o próprio caminho que faz com que a vida nos ensine. Vivemos as experiências no mundo e aprendemos com ela. À escola cabe sistematizar essa reflexão sem nunca negar a experiência.

Se o sujeito e suas experiências são centrais, a diversidade dos sentidos apresentará um modelo bastante complexo de discussão, sistematização e encaminhamento pedagógico. A diversidade contempla as diferentes histórias, de diferentes lugares, de diferentes etnias, gêneros, crenças etc., mas só com ela presente em sala de aula podemos fazer com que esse sujeito veja sentido naquilo que aprende e possa construir um caminho para a vida a partir de sua diversidade.

Assim, pensamos, enfim, em contribuir com o ensino médio como um lugar cuja maturidade possibilite a ligação entre uma experiência de vida que se abre para o mundo, uma experiência local, familiar, muitas vezes protegida, que se abre para um mundo de uma ação de trabalho coletiva, democrática, centrada no outro, das adversidades das escolhas universitárias, mas também não universitárias, de outros caminhos possíveis, de um mundo de trabalho ainda opressor, mas que pode ser emancipador. E, nesse espaço, queremos refletir sobre uma possibilidade de função para o ensino médio.

Agradecemos a escolha e convidamos todos a refletir sobre esse mundo conosco.

Márcio Rogério de Oliveira Cano

Coordenador da coleção e organizador deste volume

Introdução

A preocupação com a formação do sujeito leitor e produtor de textos ou de discursos vem de longa data e tem focado, no curso da história, em diferentes dimensões que vão desde o ensino até a aprendizagem. Esse processo pode ser vivenciado por esse sujeito ou ainda negado, caso se tome como centro um aluno idealizado. Tal idealização nunca foi eficiente do ponto de vista da inclusão, da democracia e da emancipação, favorecendo a manutenção da proposta de uma sociedade "perfeita" e avessa à diversidade.

O contexto contemporâneo propõe outras discussões e outros parâmetros a partir do momento em que se quer professores e pesquisadores engajados com os sujeitos que aprendem. Surge a problemática de como se deve pensar o ensino de Língua Portuguesa em um contexto de inclusão da diversidade e sua relação com as temáticas típicas da área, de forma a se adaptarem aos novos parâmetros de necessidades educacionais e ao modo como a sociedade está organizada. Ainda é preciso preocupar-se em como isso se dá na modalidade do Ensino Médio, foco da coleção da qual esta obra faz parte.

Para problematizar tais questões, foram convidados professores e pesquisadores de várias instituições do Brasil que debatem o ensino e os modos de aprender e desenvolver a língua, questionando e elaborando propostas. Uma discussão focada no sujeito não pode prescindir de uma percepção de mundo que não seja transdisciplinar. A escola não objetiva formar especialistas em áreas disciplinares ou linguistas, nem fracionar o conhecimento, fragmentando assim as pessoas no mundo e os modos delas se perceberem.

Diante disso, inicia-se a reflexão com a contribuição de Márcia Fonseca Amorim, professora da Universidade Federal de Lavras.

Em seu texto, a autora insere a necessidade de um trabalho transdisciplinar, mostrando caminhos possíveis para a implementação de uma metodologia que preveja a transdisciplinaridade em sala de aula.

Seguem-se dois capítulos que abordam os dois lados da produção discursiva: a leitura e a produção de texto. No primeiro, o professor Ramon Chaves, da Pontifícia Universidade Católica de São Paulo, mostra como a leitura precisa ser focada nos efeitos de sentido possíveis a partir dos sujeitos leitores, de forma que englobem as diversas leituras feitas em sala de aula em um processo inclusivo. Por sua vez, Ricardo Celestino, também da Pontifícia Universidade Católica de São Paulo, e Márcio Rogério de Oliveira Cano, da Universidade Federal de Lavras, propõem a reflexão sobre a produção textual em uma perspectiva discursiva, elegendo os gêneros da dimensão da argumentação como modo de desenvolver tal produção e adequando-os às necessidades típicas dos alunos de Ensino Médio.

As professoras Daniela Mara Lima Oliveira Guimarães, da Universidade Federal de Ouro Preto, e Raquel Fontes Martins, da Universidade Federal de Lavras, fazem uma importante reflexão acerca das variações linguísticas, pois não seria possível pensar um ensino de Língua Portuguesa, hoje, visando a diversidade, sem levar em conta as diferentes identidades, histórias, grupos sociais, territórios e seus modos específicos de mobilizar e interagir por meio da língua. A partir desse mesmo argumento, apresenta-se o capítulo da professora Lúcia Maria de Assis, da Universidade Federal Fluminense, que discute a modalidade oral da produção discursiva e suas potencialidades no ensino. É importante destacar que, apesar das pesquisas feitas nas últimas décadas sobre a oralidade, o foco da escola ainda é a escrita. Com a proposta de deslocar o foco do conteúdo para o sujeito, impossível não repensar a importância dessa modalidade no desenvolvimento do uso da língua e o destaque cada vez maior que a fala vem tendo nos processos de registro e documentação, assim como as habilidades que já mostrou serem tão complexas quanto aquelas ligadas à escrita.

O sexto capítulo traz uma reflexão sobre a gramática que ainda é um grande nó no ensino de Língua Portuguesa. Conteúdo privilegiado na história do ensino, a gramática, da forma como sempre foi ensinada, entrou em declínio nos últimos anos e pouco se discute sobre esse tema, o que vem do medo de o professor perder seu chão cimentado por esse conteúdo em cursos de licenciatura. Por outro lado, as políticas educacionais, muitas vezes e de forma errônea, propagam que não se deve mais ensinar gramática. Nesta obra, procura-se mostrá-la como recurso na ação discursiva e no ensino da língua. Para isso, apresenta-se o trabalho da professora Larissa Ciríaco da Universidade Federal de Minas Gerais.

A segunda metade da obra começa com o trabalho das professoras Helena Maria Ferreira e Mauricéia Silva de Paula Vieira, ambas da Universidade Federal de Lavras. Elas propõem discutir a multimodalidade no ensino de Língua Portuguesa como forma de mostrar a necessidade de apropriar-se das diferentes interações das modalidades de linguagem que não sejam focadas apenas no verbal.

Em seguida, há o trabalho da professora Luciana Soares da Silva, da Universidade de Federal de Lavras, que traz uma contribuição acerca do ensino na perspectiva dos gêneros do discurso. Essa temática está presente em todas as discussões da área, que muitas vezes são reduzidas à estrutura textual a ser ensinada.

Para finalizar a obra, os dois últimos capítulos trabalham questões amplas. A professora Rosângela Aparecida Ribeiro Carreira, da Pontifícia Universidade Católica de São Paulo, trata da diversidade na sala de aula, elegendo como tema central a questão étnica. A professora Márcia A. G. Molina, da Universidade Federal do Maranhão, aborda a temática da avaliação da aprendizagem e do ensino.

Com toda essa gama de temáticas e contribuições de diferentes professores, espera-se contribuir para o avanço das discussões acerca do ensino de Língua Portuguesa no Ensino Médio e o avanço social.

Márcio Rogério de Oliveira Cano

Coordenador da coleção e organizador deste volume

Conteúdo

1. TRANSDISCIPLINARIDADE E CONSTRUÇÃO DE SABERES NA CONTEM-
PORANEIDADE: PROPOSTA PARA O ENSINO DE LÍNGUA PORTUGUESA 21

   1.1 TRANSDISCIPLINARIDADE E ENSINO DE LÍNGUA PORTUGUESA 25

   PARA FINALIZAR 31

   REFERÊNCIAS BIBLIOGRÁFICAS 32

2. LEITURA: UM CAMPO DOS SENTIDOS 35

   2.1 UMA NOÇÃO DE LEITURA 37

   2.2 LEITURA DOS DISCURSOS 39

   2.3 "O QUE O AUTOR QUIS DIZER": AS CONDIÇÕES SÓCIO-HISTÓRICAS DE
PRODUÇÃO 40

   2.4 "VOCÊ NÃO ENTENDEU NADA": AS CONDIÇÕES SÓCIO-HISTÓRICAS DE
RECEPÇÃO 42

   PARA FINALIZAR 43

   REFERÊNCIAS BIBLIOGRÁFICAS 44

3. A PRODUÇÃO TEXTUAL: ETAPAS PARA UMA AÇÃO DISCURSIVA.................... 47

   3.1 INTRODUÇÃO 47

   3.2 O INTERDISCURSO E OS GÊNEROS DO DISCURSO COMO RECURSOS
PARA O DESENVOLVIMENTO DE UMA LEITURA CRÍTICA 48

   3.3 A LINGUÍSTICA TEXTUAL COMO RECURSO PARA A COMPREENSÃO DOS
ELOS COESIVOS DE UM TEXTO 51

   3.4 UMA PROPOSTA DE LEITURA CRÍTICA DO ARTIGO DE OPINIÃO
"A GENTE NÃO QUER SÓ CINEMA, A GENTE QUER DINHEIRO"............. 53

   3.5 AS ETAPAS DE PRODUÇÃO DE TEXTO/DISCURSO 58

   PARA FINALIZAR 61

   REFERÊNCIAS BIBLIOGRÁFICAS 62

4. A PRÁTICA DA VARIAÇÃO LINGUÍSTICA E A VARIAÇÃO LINGUÍSTICA NA PRÁTICA DA SALA DE AULA 65

    4.1 PARA COMEÇO DE CONVERSA 65

    4.2 MAS A ÚNICA LÍNGUA NO BRASIL NÃO É A LÍNGUA PORTUGUESA? 68

    4.3 MUITAS FORMAS DE FALAR E ESCREVER EM UMA ÚNICA LÍNGUA 71

    PARA FINALIZAR 76

    REFERÊNCIAS BIBLIOGRÁFICAS 76

5. O TRABALHO COM A ORALIDADE NO ENSINO MÉDIO 79

    5.1 CONSIDERAÇÕES INICIAIS 79

    5.2 ENSINO DE LÍNGUA PORTUGUESA: BREVE RETROSPECTO 79

    5.3 REVISANDO O TEXTO ORAL 82

    5.4 ATIVIDADES COM O TEXTO ORAL NA SALA DE AULA 84

    5.5 SITUAÇÕES COMUNICATIVAS 91

    PARA FINALIZAR 92

    REFERÊNCIAS BIBLIOGRÁFICAS 93

6. O ENSINO DE GRAMÁTICA NAS AULAS DE LÍNGUA PORTUGUESA: COMO FAZÊ-LO FUNCIONAR? 95

    6.1 INTRODUÇÃO 95

    6.2 O QUE É ENSINAR GRAMÁTICA? 97

    6.3 O ENSINO DE GRAMÁTICA NO ENSINO MÉDIO 100

    6.4 SUGESTÕES DE ATIVIDADES 101

    PARA FINALIZAR 107

    REFERÊNCIAS BIBLIOGRÁFICAS 107

7. MULTIMODALIDADE, LEITURA E ESCRITA: NOVAS PRÁTICAS DE LETRAMENTO 109

    7.1 INTRODUÇÃO 109

    7.2 LEITURA E ESCRITA COMO PRÁTICAS MULTIMODAIS 113

    7.3 SITUAÇÕES QUE POSSIBILITAM O TRABALHO COM O TEXTO MULTIMODAL 115

    PARA FINALIZAR 122

    REFERÊNCIAS BIBLIOGRÁFICAS 123

8. O ENSINO DE LÍNGUA PORTUGUESA EM UMA ABORDAGEM DOS GÊNEROS DO DISCURSO 125

    8.1 CONSIDERAÇÕES INICIAIS 125

    8.2 O GÊNERO COMO CONCEITO 126

Conteúdo 19

8.3 PENSAR OS GÊNEROS NO ENSINO 128

8.4 SEQUÊNCIA DIDÁTICA 131

PARA FINALIZAR 135

REFERÊNCIAS BIBLIOGRÁFICAS 136

9. QUESTÕES À PARTE: A DIVERSIDADE EM PAUTA 137

9.1 QUESTÕES ÉTNICO-RACIAIS: UM TEMA TRANSVERSAL? 137

9.2 UMA REFLEXÃO SOBRE A PRÁTICA 146

PARA FINALIZAR 150

REFERÊNCIAS BIBLIOGRÁFICAS 151

10. A AVALIAÇÃO NAS AULAS DE LÍNGUA PORTUGUESA: COMO AVALIAR NO
    CONTEXTO DO ENSINO MÉDIO 153

    10.1 AVALIAÇÃO: PERCURSO HISTÓRICO 153

    10.2 AVALIAÇÃO HOJE 154

    10.3 AVALIAÇÃO NO ENSINO MÉDIO EM AULA DE LÍNGUA PORTUGUESA 156

    10.4 SUGESTÃO DE FICHA DE AVALIAÇÃO DE PRODUÇÃO TEXTUAL PARA O
         ENSINO MÉDIO 160

    PARA FINALIZAR 162

    REFERÊNCIAS BIBLIOGRÁFICAS 162

1

Transdisciplinaridade e construção de saberes na contemporaneidade: proposta para o ensino de Língua Portuguesa

Márcia Fonseca de Amorim

Muitos alunos chegam ao Ensino Superior apresentando dificuldades em articular adequadamente os textos que produzem. O que se percebe, nesse caso, é que, embora grande parte desses alunos tenham tido aulas de Língua Portuguesa desde os anos iniciais até a conclusão do Ensino Médio, a maior parte deles afirma que lia e escrevia pouco na escola. Essa questão tem intrigado professores e estudiosos da língua, uma vez que há quantidade significativa de pesquisas que apontam a prática de leitura e escrita como fundamental para um adequado desempenho do aluno em diferentes usos que faz da língua e para a construção de saberes.

Sobre essa questão, os documentos de parametrização da educação postulam que o ensino de língua materna deve priorizar a formação de sujeitos capazes de ler e produzir textos em diferentes gêneros, a fim de que todas as pessoas tenham direito à cidadania e possam interagir de maneira satisfatória nas diversas instâncias da vida social. A proposta atual para a inovação do ensino é integrar diferentes saberes, por meio de textos multimodais e multissemióticos, na construção social do sujeito, de forma a torná-lo mais crítico e participativo das atividades inerentes à vida na contemporaneidade.

Por meio do diálogo constante entre as diversas áreas do conhecimento, mediado pelo uso da linguagem em suas várias formas de manifestação, busca-se ampliar o conhecimento de mundo dos sujeitos de maneira que possam interagir adequadamente em diferentes práticas sociodiscursivas. Conforme postula Bakhtin (1992), a linguagem é essencialmente dialógica, e essa

Articular: A articulação textual diz respeito às estratégias de textualização utilizadas para que haja uma progressão da(s) ideia(s) apresentada(s) no texto, como a coesão referencial, a conexão e a coesão verbal. A coesão referencial consiste na introdução e retomada de objetos de discurso: os referentes. A conexão diz respeito às ligações entre as ideias por meio de conectivos. A coesão verbal diz respeito à articulação temporal e hierárquica dos acontecimentos ou ações apresentados no texto.

Documentos de parametrização: Esses têm por objetivo estabelecer um parâmetro de ensino em todo território nacional. Funcionam como orientação para professores e instituições de ensino no que diz respeito à organização de conteúdos e propostas curriculares.

Textos multimodais e multissemióticos: Conforme Rojo (apud FRADE; VAL; »»

>> BREGUNCI, 2014), "hoje dispomos de novas tecnologias e ferramentas de 'leitura-escrita', que, convocando novos letramentos, configuram os enunciados/textos em sua multissemiose (multiplicidade de semioses ou linguagens), ou multimodalidade. São modos de significar e configurações que se valem das possibilidades hipertextuais, multimidiáticas e hipermidiáticas do texto eletrônico e que trazem novas feições para o ato de leitura: já não basta mais a leitura do texto verbal escrito – é preciso colocá-lo em relação com um conjunto de signos de outras modalidades de linguagem (imagem estática, imagem em movimento, som, fala) que o cercam, ou intercalam ou impregnam. Esses *textos multissemióticos* extrapolaram os limites dos ambientes digitais e invadiram, hoje, também os impressos (jornais, revistas, livros didáticos)".

dialogicidade acontece em qualquer prática discursiva, seja nos moldes orais, seja nos escritos.

Grande parte das correntes linguísticas atuais compartilha dessa ideia e trata a língua como um fato social, um sistema que sofre constantes transformações no tempo e no espaço. Daí a necessidade de trabalhar em sala de aula diferentes modos de posicionar-se linguisticamente. A língua, como manifestação verbal da linguagem, deve ser tratada em termos de usos, uma vez que os sujeitos interagem socialmente de acordo com as especificidades de cada esfera da vida cotidiana. São os usos que determinam o posicionamento linguístico dos falantes em cada situação de interação.

Ainda sobre o caráter dialógico da linguagem, Goffman (1985) defende o ponto de vista de que os participantes de uma interação projetam impressões a respeito deles mesmos, da situação em que se encontram inseridos e dos demais parceiros participantes da atividade discursiva. Para o autor, as representações sociais referem-se ao fato de o mundo assemelhar-se a um grande palco, onde cada participante de dada prática sociodiscursiva assume um ou mais papéis de acordo com as cenas propostas pelo ambiente em que se encontra. Cabe à escola auxiliar o aluno em relação às diferentes representações que ele vai assumir nas práticas cotidianas, contribuindo para que se torne um leitor crítico do mundo e consciente de suas ações.

Assim, a cada novo papel desempenhado, o aluno, como ator social, vai operar com estratégias linguísticas específicas que visam a garantir o sucesso de sua atuação no processo discursivo. Essa tomada de atitude se reflete nas opções feitas por ele, como a escolha do léxico e da estruturação sintática, e nas estratégias textualizadoras, que atuam na articulação de seu dizer. Tais estratégias, por sua vez, se refletem na imagem que o aluno constrói de si mesmo, de seu(s) interlocutor(es) e da produção linguística, mediadora da interação. Quanto mais informações um sujeito tiver a respeito das práticas sociais e de como ele se inscreve nelas, por meio das representações sociais que assume, mais chance de sucesso ele terá.

A interatividade inscrita na textualidade constitui o ponto de articulação entre as representações sociais estabelecidas pelos participantes de uma atividade em curso – o *eu* falante/escritor interage com o(s) *outro(s)* ouvinte(s)/leitor(es). Trata-se de uma relação que envolve procedimentos discursivos e interativos que se estabelecem entre aquele que diz (o "eu falante/escrevente") e aquele que ouve ou lê ("o outro – ouvinte/leitor"), e do "eu falan-

Capítulo 1 Transdisciplinaridade e construção de saberes na contemporaneidade

te/escrevente" com o dito. É o que Chafe (1985), em seus estudos sobre oralidade, denomina envolvimento. Segundo o autor, na interação face a face, há envolvimento do falante consigo mesmo – ego-envolvimento –, envolvimento do falante com seu interlocutor e envolvimento do falante com o assunto.

Para Tannen (1985), o envolvimento – tratado por ela como *foco relativo de envolvimento* – ocorre tanto na conversação espontânea como em textos escritos. O que há, segundo a autora, é uma diferença em relação ao grau de envolvimento que tende a ser maior na fala que na escrita. Com o avanço das tecnologias digitais e o advento da escrita *on-line*, esse envolvimento vem se aproximando cada vez mais nas duas modalidades de uso da língua. Daí a importância da reflexão sobre essas duas modalidades – fala e escrita – no ensino de língua, em diferentes contextos de uso.

Essa tríade sobre a interação também foi tratada por Benveniste (1989) em seus estudos sobre o aparelho formal da enunciação. Para ele, a organização da linguagem permite que cada locutor utilize a língua, em determinado contexto discursivo, designando-se como *eu*, sujeito falante, em oposição a um *tu*, sujeito ouvinte, à medida que cada sujeito toma a palavra. O processo enunciativo constitui o momento em que a língua – antes apenas uma possibilidade de linguagem – efetua-se como instância de discurso. Tal processo constitui, para o locutor, a necessidade de se referir pelo discurso; para o interlocutor, é a possibilidade de se correferir da mesma forma no consenso pragmático que faz de cada locutor um colocutor, pois cada *eu* que é empregado tem sua referência própria e corresponde à pessoa que fala: ser único, realidade discursiva única que só tem valor na instância na qual o discurso é produzido. Identificando-se como pessoa do discurso o *eu* propõe-se como sujeito: ora como locutor (falante/escritor), ora como alocutário (ouvinte/leitor).

Em um mundo cada vez mais globalizado e refém da tecnologia digital, em que as informações são atualizadas a cada instante, é preciso lidar com a linguagem de uma forma mais dinâmica e produtiva. O *eu*, o *outro* e o objeto da relação interdiscursiva encontram-se em constante transformação, dada a velocidade com que os dados passam a ser processados mentalmente. A interação por meio da linguagem requer a participação ativa do sujeito em diferentes práticas sociais. Por essa razão, o ensino de Língua Portuguesa deve pautar-se na construção da cidadania, de forma que o sujeito possa participar ativamente de atividades relacionadas

Oralidade: Oralidade e fala são dois conceitos distintos. A oralidade consiste em "uma prática social com fins comunicativos que se apresenta sob variadas formas ou gêneros textuais fundados na realidade sonora; ela vai desde uma realização mais informal à mais formal" (MARCUSCHI, 2001, p. 25). A fala se manifesta na modalidade oral, mas não pode ser tratada como sinônimo de oralidade.

Processo enunciativo: O processo enunciativo, ou enunciação, diz respeito a todos os elementos que atuam na interação, incluindo-se o momento (tempo) em que discurso se processa, o espaço físico e os participantes dessa interação, bem como os papéis sociais assumidos por eles.

Discurso: Discurso e texto são dois processos distintos. O texto consiste na materialidade linguística na forma oral ou escrita e pertence a um ou outro gênero do discurso. O discurso, por sua vez, inscreve-se nos textos e é determinado pelas condições históricas, ideológicas e sociais em que um dizer é proferido.

Sujeito: O termo sujeito é concebido, neste texto, como um ser ativo, uma entidade psicossocial; "os sujeitos (re)produzem o social na medida em que participam ativamente »»

> » da definição da situação na qual se acham engajados, e que são atores na atualização das imagens e das representações sem as quais a comunicação não poderia existir" (KOCH, 2002, p. 15).

à construção de saberes diversos. Quanto mais conhecimento linguístico e de mundo ele tiver, mais habilidades terá para dialogar consigo mesmo, com o outro e com as diferentes áreas do saber. A construção do conhecimento envolve fatores de ordem cognitiva, textual e interacional.

A discussão aqui proposta está fundamentada nos estudos de cunho sociointeracionista. De acordo com Bronckart, o interacionismo social:

> [...] designa uma posição epistemológica geral, na qual podem ser reconhecidas diversas correntes da filosofia e das ciências humanas. Mesmo com a especificidade dos questionamentos disciplinares particulares e com as variantes de ênfase teórica ou de orientação metodológica, essas correntes têm em comum o fato de aderirem à tese de que as propriedades específicas das condutas humanas são o resultado de um processo histórico de socialização, possibilitado especialmente pela emergência e pelo desenvolvimento dos instrumentos semióticos. (1999, p. 21)

Nessa perspectiva, as relações sociais atuam como uma formadora das condutas humanas, as quais são moldadas no curso da história de determinada sociedade, isto é, o ser humano molda o social e, ao mesmo tempo, é moldado por ele, agindo em função das especificidades desse social. Agir socialmente significa estar em constante interação consigo mesmo e com o(s) outro(s). Assim, a linguagem é tratada como forma ou processo de interação em que os interlocutores realizam ações, atuam conjuntamente em dada situação sócio-histórica e ideológica.

De caráter social, histórico e cognitivo, a linguagem é responsável pela interação entre os sujeitos sociais, pela preservação, transmissão e assimilação da cultura de um grupo social e pela construção de conhecimentos. Ela não só expressa o pensamento como também age como organizadora dele. Ainda exerce função essencial na construção dos conceitos, permitindo ao homem designar objetos e ações, qualificá-los e estabelecer relações entre eles.

É por meio da linguagem que o sujeito interage consigo mesmo, com o *outro* e com o meio no qual está inserido. A atitude expressa pelo sujeito que diz, o *eu* (locutor/falante/escrevente), pressupõe a atitude (resposta) do *outro* (interlocutor/leitor) em relação ao objeto do discurso. Essa interação é expressa pela dialogicidade, isto é, pela constante troca de informações que

Capítulo 1 Transdisciplinaridade e construção de saberes na contemporaneidade 25

faz com que cada um dos interlocutores seja ao mesmo tempo o *eu* (falante/autor) e o *tu* (ouvinte/leitor) de uma atividade linguística. A dialogicidade é, assim, o fundamento básico de toda atividade de interação.

1.1 TRANSDISCIPLINARIDADE E ENSINO DE LÍNGUA PORTUGUESA

Com base nas discussões apresentadas, este texto tem como objetivo refletir sobre a importância do ensino de Língua Portuguesa pelo viés da transdisciplinaridade. Busca-se aqui um diálogo entre as reflexões surgidas nos últimos anos sobre a proposta transdisciplinar de construção de saberes e os Parâmetros Curriculares Nacionais para o Terceiro e Quarto Ciclos do Ensino Fundamental (PCN), os Parâmetros Curriculares Nacionais do Ensino Médio (PCNEM) e o Programa Nacional do Livro Didático para o Ensino de Língua Portuguesa (PNLD – Ensino Médio). Esse diálogo é realizado por meio do incentivo ao trabalho com eixos temáticos no ensino de base e no ensino de Língua Portuguesa, uma vez que a língua, como materialidade da linguagem, possibilita a construção de saberes na forma verbal.

De acordo com os PCN, há uma necessidade de trabalhar eixos transversais de temáticas sociais na educação de base, contemplando essas temáticas em sua complexidade sem que estejam restritas apenas a uma área específica. Cada área deve integrar uma série de conhecimentos de diferentes disciplinas que "contribuem para a construção de instrumentos de compreensão e intervenção na realidade em que vivem os alunos" (BRASIL, 1997, p. 44). Trata-se de uma proposta que inscreve diferentes abordagens temáticas nos conteúdos tradicionalmente trabalhados na escola. Essa interação de ideias e saberes possibilita aos alunos associar as ações praticadas na escola com as ações inscritas em outras instâncias sociais, estabelecendo um diálogo mais próximo entre construção do conhecimento e prática social. Ainda de acordo com os PCN:

Adotando essa perspectiva, as problemáticas sociais são integradas na proposta educacional dos Parâmetros Curriculares Nacionais como Temas Transversais. Não constituem novas áreas, mas antes, um conjunto de temas que aparecem transversalizados nas áreas definidas, isto é, permeando a concepção, os objetivos, os conteúdos e as orientações didáticas de cada área, no decorrer de toda

> **Parâmetros Curriculares Nacionais do Ensino Médio (PCNEM):** Os PCNEM visam ampliar a proposta apresentada nos PCN de terceiro e quarto ciclos no que diz respeito à formação de sujeitos críticos e participativos das ações sociais. Ao tratar da reforma curricular e da organização do Ensino Médio, o documento traz a seguinte assertiva: "o currículo, enquanto instrumentação da cidadania democrática, deve contemplar conteúdos e estratégias de aprendizagem que capacitem o ser humano para a realização de atividades nos três domínios da ação humana: *a vida em sociedade, a atividade produtiva e a experiência subjetiva*, visando à integração de homens e mulheres no tríplice universo das relações políticas, do trabalho e da simbolização subjetiva" (BRASIL, 2000, p. 15).

> **PCN:** Embora os temas transversais sejam tratados de forma mais explícita nos Parâmetros Curriculares Nacionais para o Terceiro e Quarto Ciclos do Ensino Fundamental (PCN), no Ensino Médio, busca-se consolidar todo o aprendizado construído anteriormente por meio de uma proposta de ensino de língua centrada na linguagem verbal escrita. Daí o fato de haver uma retomada, neste texto, dos PCN, uma vez que neles encontra-se a base para as reflexões propostas nos PCNEM.

> *a escolaridade obrigatória. A transversalidade pressupõe um tratamento integrado das áreas e um compromisso das relações interpessoais e sociais escolares com as questões que estão envolvidas nos temas, a fim de que haja uma coerência entre os valores experimentados na vivência que a escola propicia aos alunos e o contato intelectual com tais valores. (BRASIL, 1997, p. 45)*

Os PCN procuram ampliar as reflexões sobre a construção de uma sociedade democrática que integra diferentes correntes socioculturais e ideológicas, "de modo a tornar o ensino mais humano e mais ético" (BRASIL, 1997, p. 48). O aluno passa a ser tratado como cidadão, como sujeito de sua própria formação em um ambiente escolar que opera com conteúdos que propiciam a inserção dele em diferentes práticas sociais. Esses conteúdos são permeados por temas que tratam de questões relativas à ética, à saúde, ao meio ambiente, à pluralidade cultural e à orientação sexual. A escolha dessas temáticas deve-se ao fato de elas envolverem problemáticas sociais que interferem diretamente nas diferentes ações do cotidiano. A proposta dos PCN visa a abordar questões inerentes à condição humana em uma perspectiva plural, transdisciplinar.

A transdisciplinaridade diz respeito a uma nova maneira de lidar com o conhecimento, por meio de um olhar mais crítico e mais dinâmico que perpassa as diversas disciplinas inseridas na vida escolar e rompe os limites do ensino da matemática, da física, da biologia, de língua e literatura, de artes e de todas as demais disciplinas que integram a grade curricular da escola. A partir de uma visão ampla das necessidades e exigências da atualidade, busca-se promover uma reconciliação entre os saberes, que podem ser relativos às ciências exatas, às ciências humanas, às ciências biológicas, às artes ou à experiência transpessoal.

Carta da transdisciplinaridade: Trata-se de uma carta/compromisso elaborada no I Congresso Mundial de Transdisciplinaridade, em 1994. O objetivo do documento era traçar as diretrizes de uma proposta transdisciplinar de ensino.

A carta da transdisciplinaridade, adotada no primeiro congresso mundial sobre o assunto, já estabelece, no capítulo I, que "qualquer tentativa de reduzir o ser humano a uma mera definição e de dissolvê-los nas estruturas formais, sejam elas quais forem, é incompatível com a visão transdisciplinar" (CONGRESSO MUNDIAL DE TRANSDISCIPLINARIDADE, 1994). Ou seja, o ser humano não pode ser tratado como um mero objeto de estudo, nem deve ser socializado e escolarizado para movimentar a máquina produtiva que sustenta os valores da sociedade moderna. Ele deve ser tratado como sujeito com anseios, sentimentos e valores próprios. No artigo II da carta, fica estabelecido que "o

Capítulo 1 Transdisciplinaridade e construção de saberes na contemporaneidade **27**

reconhecimento da existência de diferentes níveis de realidade, regidos por lógicas diferentes, é inerente à atitude transdisciplinar. Qualquer tentativa de reduzir a realidade a um único nível regido por uma única lógica não se situa no campo da transdisciplinaridade" (CONGRESSO MUNDIAL DE TRANSDISCIPLINARIDADE, 1994).

O tratamento dado à realidade e à condição humana no ensino tradicional é rompido por meio de uma proposta inovadora que aproxima os diferentes saberes construídos pela humanidade. Isso ocorre a partir de diálogos constantes entre as disciplinas, que passam a articular os conhecimentos construídos nas diversas esferas sociais, dando uma nova abordagem da natureza e da realidade, sem que haja domínio de um campo do saber, mas sim a abertura de todos eles para algo que os atravessa e os ultrapassa.

Nessa perspectiva, o ensino de língua portuguesa pode contribuir sobremaneira para que as demais disciplinas que compõem a grade curricular das escolas possam ser melhor processadas pelos alunos. Se as habilidades de leitura e escrita forem desenvolvidas de forma satisfatória, os alunos estarão mais aptos a dialogar com os diferentes saberes com os quais vão interagir em sua formação escolar. Para tanto, deve-se trabalhar a língua por meio de textos que utilizem uma linguagem multimodal e multissemiótica e que explorem diferentes temáticas, o que vai contribuir para a construção de novos conhecimentos por parte do aluno.

Para Nicolescu, "a visão transdisciplinar propõe-nos a consideração de uma Realidade multidimensional, estruturada em múltiplos níveis, substituindo a Realidade unidimensional com um único nível do pensamento clássico" (1999, p. 57). O fato desses níveis serem finitos ou infinitos não impede uma coerência entre eles no mundo natural, uma vez que, segundo o autor, a revolução do universo parece ser regida por uma vasta autoconsistência "do infinitamente pequeno ao infinitamente grande, do infinitamente breve ao infinitamente longo" (NICOLESCU, 1999, p. 57). A transdisciplinaridade rompe com a ideia de dualidade por meio da transgressão aos pares binários "sujeito/objeto, subjetividade/objetividade, matéria/consciência, natureza/divino, simplicidade/complexidade, reducionismo/holismo, diversidade/unidade" (NICOLESCU, 1999, p. 64). A transgressão às dualidades até então estabelecidas deve-se ao fato de haver uma unidade aberta englobando o homem e o universo.

Na perspectiva assumida por Nicolescu (1999), é possível distinguir três aspectos da natureza: um de caráter objetivo, um de caráter subjetivo e um denominado pelo autor de "transnatureza". Ligada às propriedades naturais do objeto transdisciplinar, a natureza objetiva encontra-se submetida a uma objetividade subjetiva, em que os níveis de realidade estão ligados aos níveis de percepção. A natureza subjetiva, ligada às propriedades naturais do sujeito transdisciplinar, diz respeito ao fato de o subjetivo operar no objetivo na medida em que os níveis de percepção encontram-se ligados aos níveis de realidade. A transnatureza tem relação com o campo do sagrado e consiste na mescla dos aspectos objetivo e subjetivo.

Assim, a realidade engloba três facetas: o sujeito, o objeto e o sagrado. Sem um desses elementos ou reduzida a apenas um deles, a realidade perde o caráter de real, o que promove um retrocesso na visão universal de construção de saberes. Reduzida ao sujeito, a realidade volta às raízes do tradicional; reduzida ao objeto, efetiva-se o totalitarismo; reduzida ao sagrado, leva a fanatismo e integralismo religiosos.

A visão transdisciplinar, de acordo com Nicolescu, "elimina, por sua própria natureza, qualquer homogeneização, que significaria a redução de todos os níveis de Realidade a um único nível de Realidade e a redução de todos os níveis de percepção a um único nível de percepção" (1999, p. 98). Trata-se de uma proposta que engloba a pluralidade em sua complexidade e a unidade da religião, da cultura, das visões sociais e políticas de um povo.

Conforme postula Santos (2008), a transdisciplinaridade, assim como a teoria da complexidade, tratada pela autora em seus estudos, sugere a superação da proposta dicotômica das dualidades propostas por Descartes, em que se opera com relações binárias, como sujeito-objeto, parte-todo, razão-emoção etc. Para a autora, a proposta transdisciplinar instaura um novo estado de coisas:

> *Essa visão dicotômica é absorvida pelos indivíduos e manifesta-se no modo de pensar, sentir, agir e viver. Cada um dos pares binários, dicotomizados, devem ser olhados desde um outro prisma, o da articulação. Quando se muda o ponto de vista obtém-se uma vista diferente, um outro panorama dos fenômenos em observação. (SANTOS, 2008, p. 77)*

Isso significa que a proposta transdisciplinar visa à ampliação da percepção da realidade vigente, por meio de ações e de refle-

Descartes: O método cartesiano é constituído de quatro princípios básicos: evidência e clareza com que se deve apresentar dado objeto de estudo; decomposição desse objeto em tantas partes quanto forem necessárias; ordenação dos problemas, partindo do mais simples para o mais complexo; revisão dos trabalhos. Muito utilizado ainda, esse método visa conduzir o espírito à verdade.

Capítulo 1 Transdisciplinaridade e construção de saberes na contemporaneidade 29

xões que ultrapassam as fronteiras das disciplinas. Diferentemente da multidisciplinaridade, proposta em que dado objeto é estudado por duas ou mais disciplinas, cada qual com sua metodologia e sua teoria, sem que seja necessária a integração entre elas, e da interdisciplinaridade, que objetiva a troca de conhecimentos e informações entre diferentes fontes de estudos a partir de uma mesma perspectiva teórico-metodológica, sem, contudo, apoiar-se na integração do aluno com a construção de saberes e a dinâmica da sociedade moderna, a transdisciplinaridade visa ao constante diálogo do sujeito consigo mesmo, com o outro e com o mundo. Os saberes atuam conjuntamente na construção de valores éticos e na desconstrução de preconceitos e ideias que ferem a integridade humana.

O caráter transdisciplinar envolve aspectos de ordem cognitiva, interativa, científica e cultural, utilizando a integração de diferentes áreas do conhecimento. Conduz a uma atitude aberta da sociedade no que diz respeito aos mitos, às religiões e àqueles que os respeitam em um espírito transdisciplinar. Não se trata de uma nova proposta filosófica, religiosa, metafísica, nem mesmo da mãe de todas as ciências, mas sim de uma mudança de paradigmas em que é instaurada uma maneira mais abrangente de olhar e de refletir sobre a própria condição humana, contextualizando e concretizando saberes necessários à existência humana e à convivência social.

Do ponto de vista transdisciplinar, a realidade passa a ser tratada por meio de diferentes olhares, que respeitam as diferenças dos seres e que privilegiam a busca pelo entendimento da vida e da natureza, como forma de preservação do ambiente e de defesa da vida. Para Nicolescu:

> É particularmente interessante a penetração do olhar transdisciplinar no campo da poesia, da arte, da estética, da religião, da filosofia e das ciências sociais. Em cada um desses campos outro grau de transdisciplinaridade entra em ação, o que implica não somente o que atravessa as disciplinas, mas também o que as estrutura. Na base de todas as disciplinas, há um olhar transdisciplinar que lhes dá sentido. Pois nas profundezas de cada disciplina encontra-se o sem fundo daquilo que liga o Sujeito e o Objeto transdisciplinares. (1999, p. 135)

A proposta transdisciplinar requer sujeitos mais participativos da vida social, capazes de manter uma orientação constante

Tecnociência: O termo "tecnociência" vem sendo utilizado na contemporaneidade para tratar da relação/cruzamento entre tecnologia e ciência, bem como das grandes transformações que vêm ocorrendo no mundo por meio da junção desses dois aspectos da atividade humana. Segundo Ogiboski, "o termo 'tecnociência' foi criado pelo filósofo belga Gilbert Hottois no final da década de 70. A *grosso modo*, a tecnociência é um recurso de linguagem para denotar a íntima relação entre ciência e tecnologia. Porém, mais que um simples termo, representa um conceito amplamente utilizado na comunidade interdisciplinar de estudos sociais e da ciência e tecnologia que buscam evidenciar a desconfiguração dos limites desse cruzamento" (2012, p. 22-23).

frente às inovações da tecnociência. Para que o sujeito seja bem-sucedido nas relações interpessoais e intrapessoais, é preciso haver um constante diálogo entre diferentes saberes por meio de ações de caráter verbal ou não verbal que os integrem. Essas ações constituem fatos sociais que se fundam nas relações humanas e, assim, permeiam todas as atividades desenvolvidas no curso de uma ou outra esfera da sociedade, envolvendo atitudes e propósitos específicos de cada um.

Conforme afirma Nicolescu (1999), os quatros pilares da educação moderna estão ancorados na proposta transdisciplinar, uma vez que: *aprender a conhecer* requer, de cada um, o estabelecimento de um contraponto entre o real e o imaginário, indispensável ao pensamento científico; *aprender a fazer* demanda a especialização em algo, ou seja, diz respeito à profissionalização do sujeito de forma a atender às necessidades pessoais e sociais; *aprender a viver* em conjunto necessita do respeito às normas socialmente estabelecidas; e *aprender a ser* requer a relação do sujeito consigo mesmo, com o outro e com as coisas do mundo.

Seguindo as orientações dos PCN, o Programa Nacional do Livro Didático (PNLD), criado para auxiliar os professores na escolha do material mais apropriado para a prática pedagógica, vem adotando, gradativamente em suas avaliações, uma postura transdisciplinar, principalmente em relação ao trabalho com temas transversais nas produções didáticas, visando a promover "processos educativos em que são afirmadas todas as dimensões do ser humano: éticas, estéticas, históricas, culturais, corporais, políticas, entre outras, compreendendo os sujeitos jovens na sua integridade e pluralidade de experiências e vinculações" (BRASIL, 2013, p. 5).

Entre as atribuições do material didático utilizado no Ensino Médio, estão o aprimoramento do conhecimento, a construção da cidadania e a autonomia intelectual do sujeito para que este torne-se crítico da realidade que o cerca. O edital para o PNLD Campo 2013, no que diz respeito à organização dos conteúdos, assevera que

> [...] *é necessário superar o caráter fragmentário das áreas do conhecimento, integrando-as em um currículo que possibilite tornar os conhecimentos abordados mais significativos para os educandos e favorecer a participação ativa de alunos com habilidades, experiências de vida e interesses muito diferentes. (BRASIL, 2011, p. 28)*

O que se percebe, nesse caso, é uma preocupação em reconhecer os sujeitos sociais como seres que defendem valores e crenças especícas em um mundo altamente complexo e dinâmico em constante transformação. Por essa razão, busca-se uma proposta de ensino mais significativa e mais propícia à construção da cidadania e ao respeito às diversidades culturais.

Em relação a essa proposta inovadora, o ensino de Língua Portuguesa passa a ser tratado sob outra perspectiva, não mais centrada em atividades descontextualizadas em que se estudam apenas as regras gramaticais, mas sim por meio de práticas de leitura e escrita de diferentes gêneros que visam a dialogar com as diversas áreas do conhecimento. O ensino de Língua Portuguesa, como mediador da construção dos saberes nas diversas áreas, não pode ater-se apenas ao trabalho gramatical. A estrutura da língua deve ser trabalhada de forma contextualizada e em constante diálogo com outros conhecimentos que precisam ser construídos ao longo da formação escolar do aluno.

Para Antunes (2003; 2007), é preciso ir muito além da gramática no ensino de língua materna, pois não basta apenas conhecer as regras gramaticais, é preciso saber como articulá-las para garantir o uso eficiente da fala e da escrita. A gramática é apenas um dos componentes da língua, assim como o lexical e o semântico. Não se pode esquecer também das relações discursivas que são estabelecidas por meio do dizer no curso de uma interação. Isso não significa que não se deva trabalhar a gramática na escola, muito pelo contrário; a questão reside em como lidar com o ensino de língua, tendo em vista que uma abordagem contextualizada da estrutura linguística, relacionada à pluralidade de conhecimentos construídos e acumulados pela humanidade, possibilita ao sujeito mais dinamismo para interagir em diferentes situações.

A preocupação com o ensino de língua na escola também foi o foco do trabalho de Geraldi (1997), que questionava a sistematização do ensino de língua nas escolas. Para o autor, o ensino de língua deve, por meio de leitura e produção textual, articular a análise e a reflexão linguística. Propostas semelhantes também são encontradas nas reflexões de Travaglia (1997) e Possenti (1996) em seus estudos sobre gramática, interação e ensino de língua.

PARA FINALIZAR

A proposta de ensino pelo viés da transdisciplinaridade deve pautar-se na formação de sujeitos éticos e participativos de diferentes ações, de sujeitos capacitados de maneira cognitiva, física e afetiva para atuar de forma ativa, ética e dinâmica nas relações interpessoais exigidas pela vida moderna, convivendo em grupo de maneira produtiva e cooperativa, em prol de uma sociedade mais igualitária. Trata-se de uma nova visão da relação sujeito/construção de saberes/percepção da realidade, que busca estabelecer uma ruptura com a proposta ainda vigente em que os saberes estão fragmentados e insuficientes para a demanda de uma sociedade multifacetada.

O caráter transdisciplinar extrapola as fronteiras entre as disciplinas por ter um olhar dinâmico e inovador, em que se busca um sentido para a vida, e envolve a articulação de diferentes áreas do conhecimento sem que seja dada mais relevância a uma delas. As relações de aprendizado do mundo fundam-se na articulação de saberes em que todos os conteúdos trabalhados em sala de aula passam a ter a mesma importância, uma vez que essa proposta de integração de conhecimentos visa à compreensão do mundo pelo diálogo livre entre os diversos campos do saber.

No que diz respeito ao ensino de Língua Portuguesa na escola, a proposta transdisciplinar possibilita o que muitos estudiosos da linguagem vêm defendendo há muito tempo: estudar a língua em situações reais de interação, por meio da leitura do mundo e do diálogo constante com outras áreas do conhecimento. Nesse sentido, não se deve esquecer que a Língua Portuguesa, como qualquer outra língua, é um sistema constituídos de subsistemas: o lexical, o gramatical e o semântico, que são permeados pelo discurso.

REFERÊNCIAS BIBLIOGRÁFICAS

ANTUNES, I. **Aula de português:** encontro & interação. São Paulo. Parábola Editorial, 2003.

_____. **Muito além da gramática:** por um ensino de línguas sem pedras no caminho. São Paulo: Parábola Editorial, 2007.

BAKHTIN, M. **Estética da criação verbal**. São Paulo: Martins Fontes, 1992.

BENVENISTE, É. **Problemas de linguística geral II**. Campinas: Pontes, 1989.

BRASIL. Ministério da Educação. Edital de convocação 05/2011 – CGPLI. **Edital de convocação para o processo de inscrição e avaliação de obras didáticas para o programa nacional do livro didático do campo – PNLD Campo 2013.**

Brasília, DF, 2011. Disponível em: <www.fnde.gov.br/arquivos/category/165-editais?download=6450:pnld-2013-campo--edital>. Acesso em: 6 abr. 2015.

_____. Ministério da Educação. Secretaria de Educação Fundamental. **Parâmetros Curriculares Nacionais:** introdução aos parâmetros curriculares nacionais. Brasília, DF, 1997.

_____. Ministério da Educação. **Parâmetros Curriculares Nacionais (Ensino Médio):** parte I – Bases Legais. Brasília, DF, 2000.

_____. Ministério da Educação. **Programa Nacional do Livro Didático (2015) Ensino Médio**. Brasília, 2013. Disponível em: <www.fnde.gov.br/programas/livro-didatico/guias-do-pnld/item/5940-guia-pnld-2015>. Acesso em: 2 abr. 2015.

BRONCKART, J.-P. **Atividades de linguagem, textos e discurso:** por interacionismo sociodiscursivo. São Paulo: EDUC, 1999.

CHAFE, W. Linguistic differences produced by differences between speaking and writing. In: OLSON, D.; TORRANCE, N.; HILDYARD, A. **Literacy, language and learning**. Cambridge: Cambridge University Press, 1985.

CONGRESSO MUNDIAL DE TRANSDISCIPLINARIDADE. 1., 1994, Convento de Arrábida. **Carta da transdisciplinaridade**. Convento de Arrábida: (Basarab Nicolescu, Lima de Freitas e Edgar Morin – Comitê de redação), 1994.

GERALDI, J. W. **Portos de passagem**. 4. ed. São Paulo: Martins Fontes, 1997.

GOFFMAN, E. **A representação do eu na vida cotidiana**. 3. ed. Petrópolis: Vozes, 1985.

KOCH, I. G. V. **Desvendando os segredos do texto**. São Paulo: Cortez, 2002.

MARCUSCHI, L. A. **Da fala para a escrita:** atividades de retextualização. São Paulo: Cortez, 2001.

NICOLESCU, B. **O manifesto da transdisciplinaridade**. 3. ed. São Paulo: Triom, 1999.

OGIBOSKI, V. **Reflexões sobre a tecnociência:** uma análise crítica da sociedade tecnologicamente potencializada. 2012. 103 f. Dissertação (Mestrado em Ciência, Tecnologia e Sociedade) – Universidade Federal de São Carlos, São Carlos, 2012.

POSSENTI, S. **Por que (não) ensinar gramática na escola**. Campinas: Mercado das Letras, 1996.

ROJO, R. Textos multimodais. In: FRADE, I. C. A. da S.; VAL, M. da G. F. da C.; BREGUNCI, M. das G. de C. (Org.). **Glossário Ceale:** termos de alfabetização, leitura e escrita para educadores. Belo Horizonte: Centro de Alfabetização, Leitura e Escrita, 2014. Disponível em: <http://ceale.fae.ufmg.br/app/webroot/glossario-ceale/verbetes/textos-multimodais>. Acesso em: 8 abr. 2015.

SANTOS, A. Complexidade e transdisciplinaridade em educação: cinco princípios para resgatar o elo perdido. **Revista Brasileira de Educação**, Rio de Janeiro, v. 3, jan./abr. 2008. Disponível em: <www.scielo.br/pdf/rbedu/v13n37/07.pdf>. Acesso em: 6 abr. 2015.

TANNEN, D. Relatives focus on involvement in oral and written discourse. In: OLSON, D.; TORRANCE, N.; HILDYARD, A. **Literacy, language and learning**. Cambridge: Cambridge University Press, 1985.

TRAVAGLIA, L. C. **Gramática e interação:** uma proposta para o ensino de gramática no 1º e 2º grau. 3. ed. São Paulo: Cortez, 1997.

2

Leitura: um campo dos sentidos

Ramon Chaves

Provavelmente já se ouviu falar em leitura de Machado de Assis ou em leitura de Guimarães Rosa. Deixando a metonímia de lado, pode-se dizer que também já se ouviu falar na aula de leitura em que o professor pede aos educandos que fiquem totalmente em silêncio olhando para as páginas de um livro. Ainda se pode apontar as aulas de leitura em que o professor pede aos educandos que, no contato com o gênero que está sendo trabalhado naquele momento, respondam à pergunta "O que o autor quis dizer?", e se a resposta não o agradar, retruca com "Vocês não entenderam nada do que leram!". Projetar essas rotinas como comuns ao universo escolar ocorre cada vez menos, graças ao paradigma que compõe a noção de leitura na atualidade. O pensamento de que a leitura é um produto que deve ser adquirido na escola e a noção de que existe uma leitura correta de cada enunciação trouxeram complicações ao trabalho com leitura aos educadores do Ensino Médio.

Essa problemática inicial pode ser ilustrada com momentos que se repetem, como quando o educando ri da tirinha mais trágica, quando considera que a discussão mais interessante em *Dom Casmurro* é saber se Escobar é melhor amante que Bentinho, ou quando não consegue entender o que há de irônico em *Macunaíma*. Tais exemplos podem ser considerados "não leitura" ou "não compreensão", mas também são um exercício de leitura, porque trazem efeitos de sentido que foram alcançados por poucos e não pela maioria ideal. A discussão deste capítulo parte desse ponto de vista.

> **Metonímia:** Figura de linguagem utilizada como mecanismo de ensino de leitura em aulas de Língua Portuguesa.

> **Aula de leitura:** A tradição escolar brasileira permite falar em aula de leitura como se a competência leitora não estivesse presente em outros momentos da rotina escolar. Isso demonstra despreparo da coletividade em lidar com a leitura como algo intrínseco ao sujeito que pode ser estimulado, mas nunca segmentado.

Ensinar a ler: Não raro, o ensino de leitura fica a cargo do professor de Língua Portuguesa. Isso demonstra certo despreparo da escola no que diz respeito à competência da leitura, pois o homem em seu meio executa inúmeras leituras à medida que toma contato com um mundo repleto de novas informações e sentidos.

É consenso que a escola, em especial a de nível médio brasileira, deve possibilitar que os educandos expandam a própria competência leitora. Contudo, não se pode supor que ensinar a ler seja uma tarefa simples, que pode ser desenvolvida de maneira autônoma. Comumente, vê-se o trabalho de desenvolvimento da competência leitora ser entendido como o contato do educando com os gêneros, em especial, os escritos, compreendendo gêneros orais como menos importantes ou distantes dos interesses do universo escolar. Além disso, o ensino de leitura ora tem como escopo o texto, como um produto material, ora tem como objetivo o autor empírico, como fonte de emergência de sentido. Neste capítulo, propõe-se pensar um processo contínuo de formação de leitores que tem como base a formação de sujeitos leitores de discursos no Ensino Médio. Tal processo aloca o educando como agente de formação de efeitos de sentido emergentes em uma materialidade discursiva, escrita, oral etc.

Grosso modo, formar leitores está relacionado ao ensino de gêneros de campos variados. Em algumas épocas, privilegiou-se os gêneros orais; em outras, os escritos. Platão, em *Fedro*, discute, por exemplo, que a escrita corroboraria com o fim da memória da coletividade. Ele vê, portanto, os gêneros escritos como algo negativo aos sujeitos, pois aqueles que dominassem a escrita não exercitariam mais a cognição nem o debate, porque o acesso às ideias estaria restrito ao mundo gráfico. Diferentemente do que se sabe na atualidade, Platão considerava a escrita um atraso diante da oralidade e percebia a prática da leitura de enunciados escritos como menor em prestígio do que a prática de leitura em enunciados orais.

Na contemporaneidade, muitas vezes, vincula-se a leitura à escrita e, nesse sentido, cabe à escola a tarefa de instruir educandos no universo da escrita. Para tanto, apresentam-se obras da literatura canônica, leituras dos gêneros de jornais, manuais etc., em detrimento da leitura de enunciados orais.

É possível vincular as considerações de Platão e as da atualidade acerca da leitura, independentemente da materialidade do enunciado, por duas vias. A primeira, aponta que a leitura dá poder ao sujeito, pois o "leitor" é aquele que pode operar de maneira mais eficiente sobre as condições da própria existência. A segunda, destaca que se pode considerar que leitura, oralidade e escrita estão circunscritas sob o bojo da língua e da linguagem e que a leitura é senão o processo pelo qual o sujeito percebe sentidos a partir do contato com este ou aquele gênero, quer da materialidade oral, quer da materialidade escrita.

A leitura, como processo, instaura-se no sujeito em uma profusão de sentidos e estabiliza-se na língua, evidentemente. No entanto, o sentido não emerge de fatores estritamente linguísticos. Diante disso, não se pode falar em um sentido, mas sim em sentidos, pois os sujeitos leitores são sempre únicos e têm experiências únicas; por essa razão, não se deve falar em leitura, mas em leituras. Assim, a leitura pode ser desenvolvida por meio do ensino enquanto instituição (CINTRA, 2009) e, contudo, é melhor exercida em diálogo com competências intrínsecas aos sujeitos. Ler, por conseguinte, é uma prática dialógica, processual, variada e que tem como centrais as noções de sujeito, sentido e discurso.

Desloca-se, aqui, a noção de "ler texto" para "ler discurso", pois se pensa em uma leitura que ultrapassa a decodificação linguística e a organização de elementos linguísticos. Tal leitura dá destaque à percepção de efeitos de sentido emergentes frente às condições sócio-históricas de produção e às condições sócio-históricas de recepção, capazes de fomentar diálogo com o sujeito que lê, ou seja, o educando do Ensino Médio, que, à medida que é atravessado pelos enunciados do discurso, também os atravessa, dando a estes sentidos novos, interessantes à prática pedagógica.

2.1 UMA NOÇÃO DE LEITURA

A leitura é parte de um processo que está ligado aos sujeitos que podem circular por lugares de prestígio. Em suma, supõe-se que o sujeito que tem maior potencial leitor é também aquele que ocupa notoriedade profissional, econômica, acadêmica, e assim por diante. Desse modo, a escola, enquanto instituição, em especial a escola que se estabilizou a partir das reformas políticas do fim do século passado que deram origem à escola contemporânea, incumbiu-se de formar educandos que são potenciais leitores. A leitura cristalizou-se como aquilo que cabe à escola fornecer como um produto. Contudo, interessa para este texto observar a leitura como uma competência intrínseca ao sujeito que pode ser estimulada, levando em consideração a pluralidade desse sujeito que lê e dos discursos que são lidos. Assim, a leitura é uma atividade em progresso do sujeito em contato com outros sujeitos.

Quando se recorre à noção de sujeito, não se pensa em um sujeito criador, aquele que pode ser confundido com um autor, por exemplo. Dessa forma, seria estabilizada a leitura sob uma base unilateral, ou seja, seria possível pensar que o processo de leitura

---

"Ler discurso": A noção de discurso não é recente nem só linguística. Autores de áreas como Filosofia, Psicanálise, História apropriaram-se dessa noção.

Condições sócio-históricas: Quando um enunciado se faz discurso, essa enunciação está relacionada às condições sociais e históricas dessa produção, incluindo fatores que podem ser observados pelas áreas de História, Sociologia, Filosofia, Linguística etc.

Sócio-históricas de recepção: A aula é uma condição social e histórica. Além disso, os objetivos para a leitura de certo discurso ou gênero precisam estar claros, afinal, isso dará condição aos educandos de ampliar os efeitos de sentido da atividade proposta.

Interessantes à prática pedagógica: Nessa perspectiva, a "resposta errada", que antes era descartada, passa a funcionar como "possibilidade de leitura". Uma leitura que se demonstra emergente de um enunciado, mesmo que rasa, destaca a reflexão do educando, do educador e dos demais.

Criação de cada enunciado: Nesse ponto, esbarra-se na "resposta certa". Se não há uma possibilidade de leitura, mas sim muitas, como fica a questão de avaliar os processos de leitura? Uma saída possível é considerar que existam leituras autorizadas e leituras não autorizadas.

está centrado em quem cria um enunciado e que a leitura teria um sentido possível, aquele do ato de criação de cada enunciado.

A proposta aqui não é pensar a leitura como um processo fechado que alcança os mesmos sentidos em diferentes sujeitos. Ao contrário, pensa-se a leitura como um processo que traz diferentes sentidos, com diferentes sujeitos. Assim, não é possível focar a leitura em um processo que tenha como base uma noção de texto, pois, ao fazer isso, considera-se uma materialidade estática.

Ao focar o processo de leitura em efeitos de sentido, que é a base desta proposta, não se pode desatrelar o sujeito leitor de uma competência autoral. Logo, não se deve considerar uma materialidade estática – o texto –, pois essa materialidade sofre alterações em seu sentido em cada ato enunciativo, ou seja, em cada nova leitura.

Como se vê, trata-se de uma noção de sujeito que não pode ser imediatamente substituído por um leitor empírico, pois essa noção também seria unilateralista. Pensa-se em um sujeito que está circunscrito em uma época, em um lugar social, que na mesma medida que interfere nos sentidos do enunciado é atravessado por eles. Aborda-se aqui, portanto, um sujeito discursivo. Essa noção de sujeito interfere em uma perspectiva sobre a leitura, na medida em que se observa que o processo de leitura acontece por zonas muito instáveis. Não interessa de onde emerge o enunciado, sua construção linguística, nem o sujeito leitor, separadamente, mas sim a confluência desses elementos linguísticos e não linguísticos que suportam a emersão de efeitos de sentido. É desse ponto que se pretende partir para tratar da noção de leitura.

Sujeito discursivo: As teorias enunciativas, apresentadas por Benveniste, Culioli, Ducrot, consideram que existe, em todo ato enunciativo, um eu que toma a palavra. Nessa perspectiva, supõe-se imediatamente um tu a quem a palavra é dirigida. Quando se desloca essa noção para o discurso, nota-se que esse tu, projetado no ato enunciativo, sofre alterações todas as vezes que a enunciação é tomada. Trata-se aqui de um sujeito do discurso.

A leitura é sempre um processo em construção. Uma construção que tem bases muito movediças. As condições sócio-históricas de produção, o enunciado e as condições sócio-históricas de recepção interferem ativamente nos efeitos de sentido emergentes. Não conhecer o código linguístico, por exemplo, interfere na leitura em um nível muito acentuado, podendo até ocorrer sua total obstrução. Contudo, não conhecer ou ter parco conhecimento das condições sócio-históricas de produção de um enunciado também restringe, ora mais, ora menos, possíveis efeitos de sentido. Por conseguinte, mudam-se as condições sócio-históricas de recepção, alteram-se possíveis efeitos de sentido.

Sendo assim, a leitura como processo emergente de efeitos de sentido não pode estar filiada a uma noção de produto, como visto inicialmente, ou de produto da educação formal, no caso do

Ensino Médio. A leitura é uma atividade construída em processo que não parte, como se pode pensar, da não leitura para uma leitura integral. Diferentemente dessa noção, a leitura é um processo contínuo que não se inicia, ela apenas avança na emersão de efeitos de sentido em uma materialidade, seja oral, seja escrita.

A leitura, à vista disso, é um processo de emersão de efeitos de sentido que pode ser mais ou menos eficiente em decorrência do domínio que o sujeito tem de alguns elementos. A leitura não se dá por uma materialidade estanque, tampouco existiria caso o sujeito não tivesse acesso a conhecimento prévio sobre o que lê – conhecimento este que pode, ou não, ser fornecido pelo ensino formal. Ler é o desvelar, pelo sujeito, de efeitos de sentido emergentes nos discursos.

2.2 LEITURA DOS DISCURSOS

Considerar os efeitos de sentido como próprios do processo de leitura é, *a priori*, considerar a noção de discurso. Isso acontece porque a composição heterogênea dos discursos dá margem para entender o processo de formação de efeitos de sentido em cada enunciação, ou seja, em cada ato de leitura.

Considera-se, assim, que o sujeito avança em um processo de leitura à medida que amplia sua competência discursiva. Em outras palavras, o sujeito leitor, incluindo o educando do Ensino Médio, é mais eficiente quando percebe que de um mesmo discurso emergem diferentes efeitos de sentido. Não significa que o educando do Ensino Médio pode apreender uma leitura do sentido que lhe vier à cabeça, porque não é o que a noção de sujeito levantada aqui suporta. Na verdade, trata-se de perceber que um mesmo discurso tem sentidos emergentes e concorrentes, que se estabilizam ao passo que se avança em um processo de leitura. Destaca-se, portanto, que os discursos são interdiscursivos. Para Cano, o "interdiscurso se configura como um sistema caótico, que só é perceptível por um modelo de análise que possa de fato transcender o texto e compreender que a interação se constitui em uma relação que se estabelece no nível do discurso" (2013, p. 39).

O discurso é um lugar de caos, pois toda enunciação tenciona uma enunciação anterior, e assim por diante. Parece legítimo pensar que não existe um discurso primeiro; todo discurso está relacionado a um impossível número de outros discursos. O discurso é, assim, um dispositivo de comunicação que faz colidir uma construção linguística que parte de um processo sócio-

-histórico em uma enunciação sócio-histórica materializada em uma construção linguística. Por isso, ao tratar de discurso, também é comum deparar com palavras como "contrato", "jogo" e "ritual", e isso se dá pela associação de todas essas noções com os participantes, com as condições de produção, recepção e com os lugares de fala de enunciados orais ou escritos.

Um discurso, portanto, é uma materialidade linguística que está totalmente associada aos sujeitos que a enunciam e que, em um processo de difusão e recepção, constroem efeitos de sentido possíveis a ela, de acordo com o lugar e a época. Desse modo, os discursos têm relativa estabilidade, como aferiu Bakhtin (2006), a qual, entretanto, não está associada a uma produção linguística estável, como se o aparato linguístico se comportasse como uma forma que recebesse conteúdos diversos, mas ele próprio, aparato linguístico, tem relação com as condições sócio-históricas de produção e recepção.

Dessa maneira, o processo de leitura do discurso tem de levar em consideração relações estabilizadas de forma sócio-histórica que se atualizem em relação ao momento sócio-histórico da enunciação. A proposta deste capítulo aponta um avanço em relação à noção de contexto, pois não se trata, por exemplo, apenas do lugar geográfico, do tempo cronológico de uma enunciação, ou de um autor empírico, mas sim do resgate dos múltiplos efeitos de sentido de uma enunciação no tempo que, de uma maneira ou de outra, se atualizam ou são apagados em um ato de leitura.

Isso posto, aborda-se uma noção de leitura que aponta para o sujeito que toma uma enunciação, pois é o sujeito que, menos ou mais competente, mostra quais efeitos de sentido emergem em uma enunciação. Considerando o interdiscurso como base enunciativa, quanto maior os efeitos de sentido levantados de um enunciado, mais avançado se está no processo de leitura do sujeito.

Esta base de leitura, então, propõe o olhar sobre uma enunciação em constante atualização, pois o discurso emerge em um lugar sócio-histórico e atualiza-se quando em sujeito, em outro lugar sócio--histórico, tomando-o em um processo de leitura. Resta pensar nessa forma de emersão e atualização dos discursos.

2.3 "O QUE O AUTOR QUIS DIZER": AS CONDIÇÕES SÓCIO-HISTÓRICAS DE PRODUÇÃO

O enunciado entre aspas exposto no subtítulo é comum nas situações escolares, sendo uma tentativa de entender o momento cronológico e geográfico da enunciação em uma perspectiva criadora. Quando se fala em condições sócio-históricas de produção, percebe-se o quão longe se está dessa tentativa, pois a verdadeira intenção é perceber quais redes de filiações, linguísticas e não linguísticas, aparentes no enunciado ou próprias de sua constituição, colaboram para a emersão de efeitos de sentido.

Um enunciado é um ato que existe por um motivo. Assim, todo discurso é emergente de uma prática concreta. Parece óbvio que, se existe um dito, há uma prática em torno dele e está estabilizada em um lugar que não propriamente é geográfico nem concreto. Como apontado anteriormente, os discursos filiam-se por redes enunciativas que tencionam enunciações anteriores. Ainda assim, cada ato enunciativo faz-se como novidade e, mesmo trazendo elementos conhecidos anteriormente, tem uma prática vinculada ao aqui e agora.

A partir disso, quanto mais aparelhado o sujeito que lê estiver a respeito dessas condições, mais efeitos de sentido podem emergir de uma mesma enunciação. Como ilustração, pode-se pensar em uma enunciação da literatura. Por um período, o enunciado "o que o autor quis dizer" seria impossível, pois a condição sócio-histórica não interessava à formação de possíveis efeitos de sentido em um processo de leitura. A partir do século XVIII, os textos literários passaram a reclamar para si a necessidade de portar um nome de autor. Isso aconteceu, segundo Foucault (1977), porque o ambiente sócio-histórico impulsionou para que um produtor pudesse gozar do prestígio da obra como bem capital e para que ele pudesse ser reprimido por mecanismos de censura.

Não interessa aqui essa noção de censura ou de prestígio, nem a noção, por exemplo, de escola literária que enquadrava as enunciações à cada período literário: Machado de Assis realista, Lima Barreto pré-modernista, Mário de Andrade moderno. Na reflexão sobre as condições sócio-históricas de produção, as enunciações são possíveis em uma época de um jeito e não de outro, por um motivo e não por outro, e podem emergir efeitos de sentido que carregam em si historicidade e legitimidade. Logo, não se trata de acumular sentidos em uma enunciação, mas sim revelar de um momento efeitos de sentido possíveis à enunciação que, no ato de leitura, se toma. Vê-se, assim, que as condições sócio-históricas de produção de um enunciado só podem ser percebidas de acordo com as condições sócio-históricas de recepção desse enunciado.

2.4 "VOCÊ NÃO ENTENDEU NADA": AS CONDIÇÕES SÓCIO-HISTÓRICAS DE RECEPÇÃO

Partindo do pressuposto de que a leitura é uma construção, que não tem ponto de partida nem de chegada, mas que ascende progressivamente, o enunciado entre aspas do subtítulo é impossível. Não se pode considerar que os sujeitos que tomam um enunciado não podem perceber efeitos de sentido, pois, mesmo que um enunciado esteja totalmente obstruído por uma questão linguística, ou exista total desconhecimento do tema tratado, ou desconhecimento do código, inferências, mesmo que mínimas, inclusive sobre o não entendimento, são levantadas. Desse modo, a ausência de efeitos de sentido é impossível ao perceber o sujeito que lê como agente na formação de sentidos, ou seja, um produtor de efeitos de sentido.

Retoma-se, aqui, a noção inicial de sujeito como aquele que, no contato com um enunciado, ou seja, na leitura de um discurso, pode perceber redes de filiação do interdiscurso. À escola, em especial a de Ensino Médio, foco destas observações, cabe a tarefa de ofertar aos sujeitos o maior número possível de interdiscursos que compõem a rede enunciativa do discurso dado à sessão de leitura. Por meio disso, o sujeito pode tornar-se mais eficiente em uma leitura que faça emergir um número maior de efeitos de sentido. No entanto, essa não é a única tarefa da escola em relação à leitura.

Considerar as condições sócio-históricas de recepção é alocar o sujeito em formação como central no processo de leitura. Desse modo

> *[...] parece-nos que a interação com o mundo se dá por meio da produção e construção de sentidos, logo, há de se privilegiar o desenvolvimento do sujeito leitor e produtor de texto, pois é na elaboração de sentido para o mundo que os sujeitos podem existir. Ainda, se a realidade é discursiva, dizemos, então, que a interação se dá por meio da leitura e produção de discursos. Assim, o desenvolvimento do leitor/produtor de discursos é da maior importância na sala de aula e no ensino da linguagem e da língua. (CANO, 2013, p. 38)*

Dessa maneira, todo ato de leitura é também um ato de escrita/fala, pois as condições sócio-históricas de um sujeito que lê vão corroborar para efeitos de sentido possíveis diante do enunciado.

Na realidade escolar brasileira do Ensino Médio há, portanto, leituras diversas para o mesmo enunciado. Isso se dá porque, mesmo diante de uma sala de aula, cada sujeito é único, possui experiências únicas e tem condições diversas de ler o mesmo enunciado. O trato sob essas condições não parece simples. Contudo, é na complexidade que, acredita-se, está uma condição para a formação de efeitos de sentido que leve em consideração um processo em constante atualização: a leitura.

A questão levantada aqui tem caráter teórico, evidentemente. No entanto, pretende-se aplicável às rotinas práticas em sala de aula. Prova disso deu-se quando, há um ano, o autor deste texto exercia função de educador em uma escola de Ensino Médio e um educando do primeiro ano, de características incontornáveis por adjetivos do campo da tranquilidade, causou assombro com uma fala.

A aula era de leitura e discutia-se as questões tradicionais do Oriente Médio frente às tradições brasileiras, quando foi apresentada uma coluna jornalística que tratava de uma mulher que fora apedrejada por ter sido acusada de adultério. O que se esperava como única possibilidade de leitura seria horror e espanto diante da violência com a qual a mulher fora tratada, não só no ato do apedrejamento como também em toda uma vida enclausurada sob um traço machista daquela cultura, que se vê na cultura brasileira. Nesse momento, a fala em questão foi entoada: "Ontem, o Marcus foi à minha casa de bermuda". Diante do estarrecimento, a fala do garoto foi tolhida. Porém, ao final da aula, para surpresa do professor, o aluno apontou sua indignação com o cerceamento e disse: "Professor, minha fala tinha total interação com a aula! É verão, e o Marcus estava, ontem, de bermuda. Nós nos vestimos de acordo com o clima e, ao que tudo indica, aquelas senhoras da foto da coluna jornalística não. Isso não tem a ver com a cultura?". Evidentemente, o garoto tinha mais razão que o professor. Tampouco é necessário dizer o quanto teoria e prática caminharam juntas naquele dia.

PARA FINALIZAR

À escola, em especial a de Ensino Médio, ficou a tarefa de ensinar a ler. Diante disso, como a leitura está fixada no campo da língua e da linguagem, os professores de Língua Portuguesa do Ensino Médio se veem no difícil entrave de ensinar os sujeitos a ler para que se tornem críticos e independentes. Nesse universo problemático, pode-se recorrer ao equívoco de pensar que o simples contato do educando do Ensino Médio com um gênero, oral ou escrito, fará com que ele se torne um leitor mais eficiente, ou de pensar que um educando do Ensino Médio não tem potencial para aferir deste ou daquele gênero muitos efeitos de sentido.

Parece um horizonte obscuro, em que os educandos do Ensino Médio são aqueles que tudo podem entender de gêneros e que o professor perde sua função de considerar o certo e o errado. Em certa medida, discute-se o deslocamento de um paradigma em que o professor é aquele que "sabe" e o educando, o que busca o "saber", para um posicionamento que entenda o "saber" como construção mútua. Entende-se que esse ponto de vista é altivo e que não pode ser executado apenas pelo professor do Ensino Médio, nem pelo aluno, nem pela escola, pois é um trabalho para muitas mãos. Se o educador considera os educandos como leitores em potencial, que trazem leituras prévias de cada gênero, as quais, com base em diálogo com o educador e com outros educandos, podem ser expandidas, o horizonte deixa de ser obscuro e passa a ser mais acessível e bonito.

Estes apontamentos são iniciais e não pretendem, de maneira alguma, ser definitivos. O que se faz presente são considerações iniciais acerca da leitura em uma perspectiva discursiva, que tem como escopo os efeitos de sentido como parte de um processo de leitura que não se importa com o início nem com o fim, mas sim com o contínuo progresso da escola, do educador e do educando. Não se considera, finalmente, que a leitura é um produto da instituição escola, nem, em menor escala, do Ensino Médio, pois se trata de um processo que se inicia na formação mais básica do sujeito e que está relaciona à cidadania, à sociedade, enfim, à vida.

REFERÊNCIAS BIBLIOGRÁFICAS

BAKHTIN, M. **Estética da criação verbal**. São Paulo: Martins Fontes, 2003.

BENVENISTE, É. **Problemas de lingüística geral**. São Paulo: Editora Nacional, 1971.

CANO, M. R. O ethos discursivo e o ensino da leitura na escola. In: NASCIMENTO, J. V. (Org.). **Espaços da textualidade e da discursividade no ensino de Língua Portuguesa**. São Paulo: Terracota, 2013.

CULIOLI, A. **Pour une linguistique de l'enonciation**. Operations et representations. Paris: Ophrys, 1990. t. I.

DUCROT, O. **O dizer e o dito**. Campinas: Pontes, 1987.

CINTRA, A. M. M. Leitura como letramento: para além da alfabetização. In: CANO, M. R. (Coord.). **Leitura e produção de texto**. São Paulo: Blucher, 2009.

FOUCAULT, M. **What's is an author?** New York: Cornell University Press, 1977.

KOCH, I. V.; ELIAS, V. M. **Ler e compreender:** os sentidos do texto. 3. ed. São Paulo: Contexto, 2010.

MAINGUENEAU, D. A análise do discurso e suas fronteiras. **Matraga**, Rio de Janeiro, v. 14, n. 20, p. 13-37, jan./jun. 2007.

_____. **Cenas da enunciação**. São Paulo: Parábola Editorial, 2008a.

_____. **Gênese dos discursos**. São Paulo: Parábola Editorial, 2008b.

_____. **Doze conceitos em análise de discurso**. São Paulo: Parábola Editorial, 2010.

_____. **Análise de textos de comunicação**. São Paulo: Cortez, 2013.

PLATÃO. **Fedro:** obras completas. Madrid: Medina y Navarro Editores, 1871. v. 2.

3

A produção textual: etapas para uma ação discursiva

Márcio Rogério de Oliveira Cano

Ricardo Celestino

3.1 INTRODUÇÃO

Este capítulo trata das etapas de produção textual argumentativa no sentido de contribuir com o professor e com os indivíduos que trabalham com ensino e desenvolvimento do produtor de texto.

A centralidade no texto predominantemente argumentativo se dá por duas questões básicas. Em primeiro lugar, detecta-se que, de modo geral, a exigência de que se aprendam gêneros predominantemente argumentativos é enorme e, na escola, essa aprendizagem é priorizada. Isso se deve a diferentes fatores, entre eles, a forma como diversas práticas sociais necessitam de um discurso de argumentação e de defesa de pontos de vista, seja para conseguir um emprego, seja para participar de debates públicos e políticos, seja para ser aprovado em avaliações que exigem textos argumentativos, como o Enem. Enfim, a plena ação cidadã é feita, em grande parte, pelo potencial argumentativo dos sujeitos.

Em segundo lugar, nota-se que, em virtude dos inúmeros programas de incentivo ao acesso de alunos ao Ensino Superior oferecidos pelo Ministério da Educação – existem propostas de reformulação do Exame Nacional do Ensino Médio (Enem) que, em vez de ser apenas um diagnóstico dos saberes do aluno ao longo de sua formação básica, tornaria-se um dos exames fundamentais para o ingresso do aluno no Ensino Superior, permitindo acesso às universidades públicas federais, ao Programa Universidade para Todos (Prouni), ao Fundo de Financiamento Estu-

> **Gêneros predominantemente argumentativos:** São gêneros que utilizam a tipologia argumentativa como ponto de partida para a elaboração dos enunciados. Isso não quer dizer que em um artigo de opinião não seja possível encontrar características da tipologia narrativa ou descritiva, mas elas estarão sujeitas à organização argumentativa. É importante ressaltar que o gênero é fundamental para a compreensão de como é desenvolvida cada tipologia no discurso. Por exemplo, uma notícia, uma carta aberta e um artigo de opinião são gêneros distintos que utilizam a tipologia argumentativa como é apresentado neste capítulo.

Brasil: Embora se problematize uma reformulação das produções textuais nas escolas, partindo do pressuposto da reflexão sobre o gênero, ainda que seja uma tendência do Enem se adaptar à proposta de ensino de leitura e produção de textos na perspectiva do gênero, essa realidade está distante no que diz respeito às propostas de redações do exame nos últimos anos, que se concentra no modelo tradicional de texto afastado da prática social, enrijecido em uma estrutura fixa.

dantil (Fies), ao Ciências sem Fronteiras e ao Sistema de Seleção Unificada da Educação Profissional e Tecnológica (Sisutec) –, há a necessidade de uma reformulação/reflexão no que se propõe por ensino de leitura e produção textual nas escolas de níveis Fundamental e Médio no Brasil.

A necessidade dessa reflexão revela-se pela forma como se tem trabalhado o desenvolvimento da habilidade argumentativa na escola, que não a privilegia como habilidade, mas como um texto produzido e finalizado para entrega e correção. Isso significa que, na escola, costumou-se trabalhar, salvo exceções, o texto como produto e não como processo. Tal fato implica dizer que se exige um produto a ser entregue pelo aluno, no entanto, dificilmente as várias etapas pelas quais se chega a ele são mostradas e desenvolvidas. Da mesma forma, o professor precisa tomar esse texto final entregue e percebê-lo como resultado de um processo e não apenas corrigir o produto. Em situações como a redação argumentativa do Enem ou em contextos parecidos, há de se pensar que existe um processo, mesmo que automatizado: o sujeito precisa planejar, colocar as ideias no papel, esboçar, revisar e publicar tal texto.

Enunciação: Entende-se enunciação na perspectiva de Benveniste (1992), que a define como a interação entre um enunciador (*eu*) e um coenunciador (*tu*), inseridos em um espaço (*aqui*) e um tempo (*agora*).

Nesse sentido, este capítulo tem como intenção central mostrar que a construção textual é um processo de enunciação e não apenas um conjunto de enunciados finalizado. Por essa razão, buscam-se as contribuições da Análise do Discurso, principalmente na figura de Maingueneau, para sustentar esse posicionamento. Depois, mostra-se, por meio das discussões de Adam, como se estrutura o texto argumentativo. Para finalizar, são apresentadas as etapas de produção textual sistematizadas por Cintra e Passarelli (2011).

3.2 O INTERDISCURSO E OS GÊNEROS DO DISCURSO COMO RECURSOS PARA O DESENVOLVIMENTO DE UMA LEITURA CRÍTICA

Formações discursivas: As formações discursivas são compreendidas como textos/ discursos consagrados e memorizados em uma época que constituem o discurso. Foucault (2012) propõe organizar as formações discursivas relacionando-as a cada instituição social que as legitimam.

Entende-se a linguagem como um processo de construção enunciativo-discursivo, o qual pressupõe o texto em relação a sua prática social. Toda prática de linguagem pressupõe a interação entre o enunciador e o coenunciador, inseridos em um lugar e um tempo específicos. Maingueneau (2008a) afirma que cada prática de linguagem está associada a uma esfera de atividade humana específica, que possui conjunto de regras, convenções sociais e formações discursivas relativamente estáveis e que norteiam o posicionamento dos envolvidos na enunciação. Por meio da interação entre enunciador e coenunciador e a prática efetiva da linguagem, constitui-se o discurso.

Todo processo de construção enunciativo-discursivo funciona a partir de um sistema de coerções que constituem o arcabouço de posicionamentos, crenças e valores de um enunciador e de um coenunciador, o qual comumente é denominado condições de produção. Contudo, identifica-se que, no processo de construção enunciativo-discursivo no universo da sala de aula, as coerções realizadas por um enunciador para constituir seus enunciados são muitas vezes inconscientes. Os fatores que determinam esse nível de inconsciência podem estar relacionados com a falta de reflexão acerca da produção de texto como um processo enunciativo-discursivo da linguagem. Assim, faz-se necessário compreender a produção de enunciados na sua esfera discursiva e enunciativa.

Na escola, não se constrói um processo enunciativo-discursivo. Quando se pensa em propor que o aluno produza um texto, ele precisa entender essa produção como algo além de uma construção linguística, como uma ação discursiva. Por isso mesmo, tem-se até optado por dizer que não se formam leitores e produtores de texto, mas sim leitores e produtores de discursos. Dessa forma, o texto não se limita em si, ele precisa ser uma ferramenta de ação discursiva, ou seja, deve-se perceber como ele age sobre o outro. Para que a ação discursiva seja eficiente, há de se pensar como se produz isso, levando em consideração não apenas o ensino das estratégias linguísticas como também o das linguístico-discursivas.

Maingueneau (2008b) propõe que todo discurso é fruto da interação entre enunciador e coenunciador. Tanto um quanto outro pertencem a um lugar institucional específico na sociedade e, na produção de enunciados, representam papéis legítimos na prática social. Para esse autor, um discurso é constituído de formações discursivas de outros discursos, que fazem parte de um universo discursivo, que engloba inúmeros lugares institucionalizados na prática social. Cada lugar institucionalizado, que representa uma parcela das formações discursivas que constituem um discurso enunciado, é denominado campo discursivo.

Essa noção é necessária para o ensino de Língua Portuguesa, tendo em vista que o efeito de sentido previsto pelo produtor do discurso pode ser melhor manipulado se deixa transpassar em seu texto/discurso certas formações discursivas que contribuam com suas intencionalidades. Em um contexto de produção

---

Condições de produção: As condições de produção podem ser entendidas como a ponte para um projeto interdisciplinar em uma escola. Trata-se de resgatar formações discursivas presentes em áreas como História, Sociologia, Filosofia e Geografia que influenciam na constituição do discurso.

Esfera discursiva e enunciativa: Compreende-se esfera discursiva como o texto inserido em uma prática social, representando uma ou mais instituições sociais. A prática social é, consequentemente, enunciativa, pois é necessária a interação entre os envolvidos.

em sala de aula, é preciso que o professor traga para a consciência do aluno em qual campo discursivo ele está e quais outras formações discursivas seu texto/discurso pode trazer. Por exemplo, ao pedir para escrever um editorial, deve-se lembrar que tal gênero discursivo circula no campo jornalístico e não no escolar; logo, o professor precisa criar dentro da sala de aula essa cena de enunciação, ou seja, deve desenvolver o papel do editorialista e propor uma construção argumentativa que seja atravessada por outros discursos que sustentem positivamente aquilo que se pretende dizer.

Os campos discursivos determinam o posicionamento, a crença, as adesões e o pertencimento dos enunciados a determinado grupo social. As inúmeras vozes que possuem um enunciado são fruto de diversos campos discursivos que perpassam um discurso. Contudo, em um discurso há necessidade de um local tópico de pertencimento que se aloque tanto no texto quanto na prática social de maneira representativa e que legitime o discurso como pertencente àquele lugar. Maingueneau (2008b) chama unidades tópicas àquelas que caracterizam fortemente o lugar de um discurso. Por exemplo, como já mencionado, um discurso jornalístico possui o pertencimento à instituição jornal que é inegável. Entretanto, nada impede que campos discursivos da política, da economia, da literatura e da filosofia sejam basilares para a sua constituição. Além disso, a predominância é o jornalístico e é isso que servirá como sistema de coerções para a seleção do que pode ou não ser dito, do que pode ou não ser selecionado de outros campos discursivos. A instituição que legitima certo discurso, muitas vezes, possui formações discursivas preconcebidas que devem ser de uso comum a todos os enunciadores que aderem e participam de suas práticas discursivas.

Os gêneros de discurso também são fatores determinantes que identificam um discurso como pertencente a determinado grupo. Bakhtin (1992) afirma que os gêneros são tipos relativamente estáveis de enunciados que possuem estilo, tema e estrutura legitimados na prática social por discursos anteriores. Por exemplo, um artigo de opinião possui características estilísticas, temáticas e composicionais comuns, que o legitima enquanto tal na prática social. Independentemente do lugar em que esteja inserido – no discurso jornalístico, no político ou no escolar –, tem por finalidade legitimar um ponto de vista e possui determinadas características estilísticas, composicionais e temáticas que são comuns e constituem esse tipo de gênero e o identificam a certo tipo de discurso. Um artigo de opinião a ser entregue para um professor não tem, por exemplo, a mesma diagramação estrutural e não passa pelos mesmos processos de revisão estilística e textual que um artigo de opinião de um jornalista para um jornal diário, assim como este não se comporta da mesma maneira que um artigo de opinião para uma revista quinzenal.

O que facilita identificar semelhanças entre um gênero e outro, mesmo tratando-se de esferas de atividades humanas distintas, são os registros. Assim, nota-se que, sendo gêneros diferentes, alocados em lugares variados, existe a condição, de alguma maneira, de identificar alguns registros que se assemelham entre um e outro. Maingueneau (2008b) classifica os registros que aparecem em inúmeros gêneros de discurso, mas que não são suficientes para classificá-los, de unidades transversas. São registros funcionais, como o esquema das seis funções da linguagem propostas por Jakobson (1970); linguísticos, frequentemente definidos por bases enunciativas como as tipologias propostas por Adam (1999); comunicacionais, quando há combinação dos traços linguísticos e funcionais para atingir uma função social como o discurso cômico, o didático, o instrucional, entre outros. Esses registros, se compreendidos não apenas como recurso textual, mas sim selecionados e estilizados em função da prática social à qual o gênero e a enunciação submetem-se, são eficazes na orientação curricular de produção de textos e discursos para alunos do Ensino Médio.

Com a finalidade de atingir os objetivos propostos neste capítulo, elabora-se a seguir um aprofundamento dos registros linguísticos, mais especificamente da sequência argumentativa na perspectiva da Linguística Textual, fundamentada por Adam (1990, 1992, 1999).

3.3 A LINGUÍSTICA TEXTUAL COMO RECURSO PARA A COMPREENSÃO DOS ELOS COESIVOS DE UM TEXTO

Bonini (2010, p. 208) aponta que da enunciação, em que se localiza o gênero e o interdiscurso, pode-se delimitar o campo da Linguística Textual como o responsável "pelo estudo do modo como os mecanismos de textualização se constituem e se caracterizam" (2010, p. 208) A autora destaca os trabalhos de Adam (1990, 1992, 1999) para refletir acerca das sequências textuais como mecanismos que estabilizam a composição dos inúmeros gêneros do discurso.

> **Interdiscurso:** É tratado por diversos autores da Análise do Discurso (AD). Neste capítulo, apropria-se da definição proposta por Maingueneau, que consiste em uma forma de diálogo com outros discursos anteriores como forma constitutiva, ou seja, implícita no texto.

52 Língua Portuguesa

Arcabouço teórico prévio: O arcabouço prévio está no âmbito das formações discursivas de conhecimento de cada aluno. É interessante partir do pressuposto de que o aluno carrega conhecimentos internalizados do gênero que se propõe estudar e que cabe ao professor despertar esse conhecimento. O aluno também reconhece as tipologias existentes, mesmo que em gêneros diferentes. Por essa razão, o professor deve apresentar uma diversidade de gêneros que tenham semelhanças com o gênero que se propõe estudar. Por exemplo: cantiga de escárnio e *funk* carioca.

Para Adam (1999), a estrutura composicional do texto resulta de dois processos: a planificação e a estruturação. Por planificação, o autor compreende um plano composicional de enunciados relativamente estável, instaurado a partir do gênero e do conhecimento do enunciador acerca da prática social do texto que necessita realizar. Em outras palavras, trata-se de um arcabouço teórico prévio que o enunciador tem sobre como determinado gênero é constituído e aceito na prática social. Assim, se o enunciador pretende produzir um romance, existem, na prática social, inúmeros romances legitimados que servem de parâmetro para essa produção enunciativa. A estruturação, por sua vez, é a combinação das sequências textuais, como narrativa, exposição, descrição ou argumentação, com a finalidade de obter os resultados necessários para atingir o esperado na planificação. Ambos os processos são configurados de maneira pragmática, a partir de um alvo ilocucional que é o coenunciador, o qual pressupõe a coerência daquilo que é dito, a localização enunciativa, já que o que é dito está inserido em um espaço-tempo e proporciona a comunicação entre um enunciador e um coenunciador específicos. Tal comunicação, por fim, determina uma *coesão semântica* dos enunciados para quem enuncia e para quem coenuncia.

A conectividade ou a coesão presente nos enunciados é possível a partir de um sequenciamento textual específico, segundo as especificidades do gênero que se pretende enunciar. A diferença entre a sequência textual e o gênero do discurso é a variabilidade que este tem em função daquela. Para Adam (1999), os gêneros marcam situações sociais específicas e são heterogêneos em sua essência. As sequências textuais, por sua vez, são transversas por atravessarem inúmeros gêneros; elas são, portanto, relativamente estáveis e possíveis de serem delimitadas em um conjunto de tipologias, das quais se pode destacar a argumentativa. Adam (1992) também propõe um esquema de funcionamento discursivo que englobe a interação sociodiscursiva e a estruturação linguístico-textual.

O gênero, de acordo com Bonini, é concebido segundo cinco núcleos de atenção: "o estatuto dos enunciadores e dos coenunciadores; as circunstâncias temporais e locais da enunciação; o suporte e os modos de difusão; os temas que podem ser introduzidos; a extensão e o modo de organização" (2010, p. 214). Ainda sobre os estudos de Bonini (2010, p. 220), pode-se compreender, acerca da sequência argumentativa, que argumentar é direcionar a atividade verbal para o convencimento do outro. Consiste em construir um discurso que pretenda modificar o posicionamento do coenunciador sobre determinado tema. Para a autora, o esquema argumentativo pressupõe um elemento que explicite um ponto de vista defendido, uma conclusão e um *tópos* já dito. A informação já dita é atingida a partir de uma inferência resgatada no interdiscurso, que pode ser encontrado em enunciados implícitos.

Assim, Adam (1992) organiza a sequência argumentativa da seguinte maneira:

TESE ANTERIOR + DADOS (premissas) –
Escoramento de inferências – Conclusão

Para Bonini (2010), a tese anterior é a afirmação que é constatada e que não está implícita no texto. Os dados são as afirmações que possibilitam a conclusão. O escoramento de inferências é dado pelos efeitos de sentido dos enunciados. Desse modo, a conclusão é uma nova tese que pode servir para outra sequência argumentativa.

A seguir, identifica-se no texto/discurso "A gente não quer só cinema, a gente quer dinheiro" como a argumentação é compreendida a partir desse *topos*.

3.4 UMA PROPOSTA DE LEITURA CRÍTICA DO ARTIGO DE OPINIÃO "A GENTE NÃO QUER SÓ CINEMA, A GENTE QUER DINHEIRO"

Para este estudo, foi selecionado o artigo de opinião de título "A gente não quer só cinema, a gente quer dinheiro", da redatora e escritora Tati Bernardi. O artigo, apresentado abaixo, foi publicado no caderno "Opinião", do jornal *Folha de S.Paulo*, no dia 2 de dezembro de 2013.

A finalidade é identificar como o gênero artigo de opinião é construído a partir de uma sequência argumentativa e verificar como essa sequência argumentativa contribui para legitimar um ponto de vista do enunciador e, consequentemente, cooperar para a função social do discurso proposto, que, neste caso, é convencer o coenunciador de que o cinema deve ser um trabalho remunerado como todos os outros.

A gente não quer só cinema, a gente quer dinheiro

Até meus vinte e três anos estagiei como redatora, de graça, nas principais agências de publicidade de São Paulo. Eu era uma menina brega, sem noção, inexperiente e deslumbrada. Tinha mais era que agradecer o emprego não remunerado bem quietinha e virar a noite digitando. Isso é o que eu pensava na época e, hoje tenho certeza, o que queriam que eu pensasse também.

Como pagamento para as quinze horas diárias de dedicação (incluindo finais de semana) eu ganhava criativas cantadinhas baratas e podia usufruir de belíssimas cadeiras design de frente para computadores de última geração. Eu pertencia a um lugar cool com gente cool e aprendia a ser cool. Pra que salário? Pra que contrato? Pra que férias?

Depois, quando resolvi ser roteirista, com quase trinta anos, passei por tudo isso de novo. Participei de muito seriado (leia-se aqui treze episódios vezes mil tratamentos) e reuniões de longas (leia-se aqui milhões de tratamentos pra no final o filme nem sair) sem ganhar um puto. De novo: eu estava aprendendo. Eu era uma pré-tia que estava mudando de profissão e que, sortudona, podia conviver com gente cool em lugares cool e fazer de conta que eu era cool pra cacete.

O que mais se escuta nesses lugares superdescolados (produtoras, agências, editoras) é o papo do "tamo junto". Eles nunca têm como te pagar, ou pelo menos não "agora", mas obviamente o projeto vai dar certo e você, enquanto parceiro, enquanto guerreiro, enquanto gente finíssima e pau pra toda obra, enquanto irmão-brou-truta, vai ganhar muito dinheiro. Quiçá virar sócio. Um dia, lá no futuro, lá pro fim daquele mês que ainda não é o próximo e nem o que virá depois, você vai se dar bem.

Ter escolhido uma profissão mais "artística" foi muito difícil pra mim. Eu fui uma pobre molambenta contadora de moedas até os 30 anos. Explorada indiscriminadamente por todos esses lugares maravilhosos que, não posso negar, também me ensinaram muita coisa. Mas certamente foi ainda mais "puxado" para papy and mamy. Mesmo sem nenhuma condição, os velhos me socorreram em infinitos finais de meses. E o "empréstimo" sempre vinha com um tenso semblante dividido entre a decepção e a preocupação "essa sonsa não vai dar em nada e a gente se fodeu bonito".

Mas a coisa vem mudando há um tempo e esse é o momento da virada. Agora, meus amores, chega. Tomanocu. Peganomeupau. De graça não escrevo mais nem assinatura em talão de cheque. Cobro bem e cobro na data e cobro com multa e cobro e cobro e cobro. Já que, depois de muito tempo tentando, finalmente amadureci, resolvi me dar ao luxo de também só trabalhar com pessoas, projetos e empresas maduras.

O problema é que o mercado "do cinema" carece profundamente de pessoas maduras. Todos posam de superprofissionais, com seus óculos de aros muito grossos e pôsteres de longas europeus, mas não têm a menor ideia do que estão fazendo. E me refiro, especificamente, aos adultos pagantes (donos). O culpado disso? Você. Um jovem idiota que (como eu já fui um dia) topa tudo para pertencer a esse mundo cool.

A culpa é da turminha do "ah, faço pelo amor ao cinema". E quanto te pagaram pelo texto? Ah, nada, a revista não tem dinheiro. Ah, nada, o filme ainda tá tentando levantar a grana. Ah, nada, foi um jeito de conhecer a galera e entrar pro canal. Ah, nada, eles são tão legais e eu conheci o Wagner Moura. A culpa desse mercado estar uma palhaçada é sua, seu deslumbradinho de merda. É minha.

Ninguém paga ninguém (e definitivamente ninguém paga ninguém nas datas certas) porque tem sempre um bobão que entende "o mercado" (leia-se: cinema, publicidade, televisão...) como um paraíso "glamourizado" de felicidades absolutas e não como trabalho. Sim, eu não seria feliz como engenheira mas... é só um trabalho!

São meros empregos. Cobre. Cobre. Cobre! Não digo fortunas (calma, antes faça um Cidade de Deus), mas cobre. O justo. O bastante pra você não se sentir um imbecil. O suficiente pra você viver do cinema e não morrer pelo cinema. Artista da fome é coisa de poeta ruim que fica em porta de cinema duas horas por dia e dorme as outras vinte e duas. Amor ao cinema é apartamento quitado e geladeira cheia. O resto é sonho e sonhar depois dos trinta anos ou é coisa de herdeiro ou de gente sem talento.

Inicialmente, antes de observar como o enunciador constrói os argumentos do artigo de opinião, é interessante compreender qual a funcionalidade desse gênero como atividade humana. Um artigo de opinião tem como pressuposto convencer o coenunciador de certo ponto de vista acerca de um tema que seja polêmico em uma comunidade. É por meio da definição de um posicionamento que o enunciador legitima seu discurso em um artigo de opinião.

No caso do artigo selecionado, o enunciador posiciona-se contrário ao tema apresentado: profissionais do cinema e da publicidade não são remunerados no exercício de sua função em início de carreira. Para justificar esse posicionamento, o enunciador busca reforços de outros campos discursivos, como, por exemplo, jargões relacionados a moda e tendências de uma época, como se pode observar no recorte abaixo:

Eu era uma menina brega, sem noção, inexperiente e deslumbrada. Tinha mais era que agradecer o emprego não remunerado bem quietinha e virar a noite digitando. Isso é o que eu pensava na época e, hoje tenho certeza, o que queriam que eu pensasse também.

Nos enunciados "Eu era uma menina brega, sem noção, inexperiente e deslumbrada" e "Isso é o que eu pensava na época e, hoje tenho certeza, o que queriam que eu pensasse também", identifica-se que o enunciador busca referências do campo discursivo da moda para legitimar seu ponto de vista. Uma pessoa "brega" é aquela que não está adequada a uma tendência, mas que procura adequar-se, pode ser também alguém que está em desacordo com um ambiente em relação à aparência física ou à forma com que se apresenta vestida. Contudo, ao utilizar a palavra "brega" para se referir a uma postura profissional, entende-se que o enunciador considera brega a sua conduta como profissional naquele momento de sua vida. A conduta apresentada é legitimada e aceita, na perspectiva do enunciador, por seus chefes naquele momento. Assim, embora o enunciador não estivesse compatível com a moda da época, no que diz respeito a condições de trabalho, estava de acordo com tudo o que seus superiores mais queriam naquele momento.

Observando o título do artigo de opinião, "A gente não quer só cinema, a gente quer dinheiro", nota-se que são estabelecidas coerções para fundamentar os argumentos construídos no decorrer do gênero. Pode-se perceber o ponto de partida para a construção argumentativa do enunciador ao se desvelar um enunciado implícito no enunciado dito: o cinema não é compatível com dinheiro. É possível identificar que há, no enunciado que dá título ao artigo de opinião, dois campos discursivos em conflito para o enunciador: o do lucro, marcado pela palavra "dinheiro", e o do trabalho artístico, marcado pela palavra "cinema".

O título também estabelece uma relação de citação mostrada com o refrão da música "Comida", do grupo Titãs.

Comida

A gente não quer só comida

A gente quer comida

Diversão e arte

A gente não quer só comida

A gente quer saída

Para qualquer parte

A gente não quer só comida

A gente quer bebida

Diversão, balé

A gente não quer só comida

A gente quer a vida

Como a vida quer

Bebida é água!

Comida é pasto!

Você tem sede de quê?

Você tem fome de quê?

Pode-se dizer que o texto faz uma reflexão acerca da subsistência do povo brasileiro. Essa reflexão apresenta enunciados que clamam por uma valorização do ser humano, mostrando-o como necessitário de atividades culturais e de inclusão social, e não como alguém que sobreviva apenas com suas necessidades humanas básicas satisfeitas, como comer e respirar.

É possível observar que os versos da música do grupo Titãs comunicam-se com os argumentos construídos pelo enunciador do artigo de opinião, pois, no decorrer deste, o enunciador toma um posicionamento, mostra um ponto de vista que defende: a necessidade de lucro ou a remuneração dos trabalhadores da área do cinema.

Destaca-se ainda que o artigo de opinião faz referência direta à música "Comida", do grupo Titãs, o que pressupõe certa cumplicidade do enunciador com os pontos de vista expressos nela. Pode-se afirmar que se trata da manifestação de uma insatisfação. Também é possível identificar que a referência direta à música reforça a forma com que o enunciador desenvolve a temática do artigo de opinião, já que se trata de um discurso de crítica das condições de remuneração daqueles que vivem do cinema, a sétima arte, no Brasil. No corpo do texto, o enunciador constrói seu argumento a partir de um conhecimento prévio do senso comum. Mostra uma situação real conhecida daqueles que vivenciam a área de cinema e propõe uma solução que possa romper com essa situação de desconforto.

Assim, compreende-se que a tese anterior e os dados/premissas – trabalhadores iniciantes das áreas de publicidade e cinema não são remunerados e aceitam essa condição – apresentam-se no discurso do enunciador como um fio condutor para o escoramento de inferências – argumentos como a escolha do título que faz referência à música "Comida". Por fim, legitima-se um ponto de vista em uma conclusão ou consideração final, ou seja, a situação somente será sanada se os profissionais não realizarem trabalhos gratuitos.

3.5 AS ETAPAS DE PRODUÇÃO DE TEXTO/DISCURSO

Para propor atividades em sala de aula que possam contemplar uma produção textual/discursiva eficiente, deve-se pensar em construir etapas de produção que instaurem uma cena de enunciação. Neste estudo, são abordadas as cenas de enunciação propostas por Maingueneau e definidas por ele como: englobante, que se relaciona com os tipos de discurso; genérica, que organiza as características de gênero; cenografia, que apresenta os enunciados de forma encenada, respeitando os limites das cenas genérica e englobante. Porém, antes de se propor uma sistematização dessas etapas, é preciso criar condições de produção textual/discursiva, ou seja, não se deve pedir para produzir determinado texto, mas sim criar condições para a ação discursiva, pois é em função dela que as etapas são organizadas.

Todo texto/discurso é produzido pelas necessidades que se colocam em tais situações. Via de regra, um aluno produz um texto/discurso na escola, porque é tarefa escolar, porque o professor pediu, porque vai valer nota. Esse contexto cria uma condição de produção virtual, pois o aluno não precisa agir sobre um outro empírico, mas sim atender a uma necessidade do professor. Logo, o que orienta o aluno é essa necessidade e não a ação discursiva típica dos mais variados gêneros do discurso.

Tome-se como exemplo a produção de um gênero do discurso jornalístico, como a resenha de um filme. Quem faz a resenha de um filme para publicar em um jornal é um jornalista crítico de cinema e não um aluno. Se a ideia é a construção desse gênero, é preciso, mesmo que virtualmente, construir nesse aluno o papel de jornalista resenhista e tirá-lo do papel original de aluno. Isso é necessário porque, nas condições originais de produção, esse jornalista escreve uma resenha para alguém que está disponível a receber ou não uma indicação de um filme e, geralmente, esse alguém vai ter acesso a uma resenha dentro de um jornal ou revista. Se essas condições de produção não são construídas dentro da sala de aula, o que resta é um aluno fazendo uma resenha para entregar para o professor.

Desse modo, é em função dessas condições de produção e da maneira como se organiza o gênero do discurso em um arcabouço de outros discursos que se pode refletir sobre as etapas de produção de um texto. Cintra, Cano e Passarelli (2011) organizam as etapas de produção dividindo-as em: planejamento, tradução de ideias em palavras, revisão e editoração.

Sob a perspectiva de que a produção de um texto/discurso em sala de aula não seja apenas uma atividade de transcrição ou reprodução de estruturas prontas, sem uma reflexão crítica de sua constituição, Cintra, Cano e Passarelli (2011) propõem o planejamento do texto como um momento de reflexão autônoma de cada produtor de texto. Planejar um texto, nessa perspectiva, é propor o resgate do arcabouço de ideias e fatos reais que auxiliam a criação do texto. O percurso de planejamento de um texto, no caso de uma resenha de filme, pode ser sistematizado da seguinte maneira:

Leitura de uma resenha crítica

("A gente não quer só cinema, a gente quer dinheiro")

Elementos motivadores

Memória

Repositório de conhecimento

Ideias/fatos

Criação de uma tese

É importante lembrar que a criação de uma tese é fruto da memória e da visão de mundo de cada indivíduo, sendo diferente de sujeito para sujeito.

Cintra, Cano e Passarelli (2011) propõem, somada às etapas supracitadas – planejamento, tradução de ideias em palavras, revisão e editoração –, a elaboração de um mapa de anotações, para que o indivíduo tenha condições de racionalizar as ideias que surgem de forma tempestiva no fluxo de pensamento e nas discussões sobre o tema que se propõe enunciar.

A etapa seguinte de produção, a tradução de ideias em palavras, consiste no ato de iniciar o processo de escrita, vencendo o trauma da página em branco. Trata-se de colocar todas as ideias no papel, em uma linearidade adequada ao gênero que se pretende escrever. Mesmo que no processo de criação textual as ideias não estabeleçam entre si conexões coesas e coerentes, a preocupação nesse momento é registrá-las para que não se desperdice algo que depois não possa ser recuperado. Cintra, Cano e Passarelli (2011) apresentam dois tipos de recursos mobilizadores de ideias: o plano mental e o mapa de ideias.

O plano mental funciona para um autor que consegue, diante de um tema de seu conhecimento, desenvolver a escrita pelo resgate de sua memória. Esse método propõe uma lógica mental de onde começar, até onde caminhar e como concluir o texto. O mapa de ideias, por sua vez, é o movimento em que o autor joga no papel, de forma desordenada ou organizada aos pressupostos do gênero, palavras, frases ou enunciados complexos que reflitam sobre o tema que ele propõe escrever. Em um segundo momento, recupera essas anotações para então reorganizá-las. É um procedimento normal, segundo Cintra, Cano e Passarelli (2011), para lidar com assuntos sobre os quais não se dispõe de muitas informações.

Após a primeira escrita de um texto, estão as etapas de revisão realizadas pelo próprio autor ou por um terceiro. Para Cintra, Cano e Passarelli (2011), a grande dificuldade na etapa de revisão de textos em sala de aula é convencer os alunos da necessidade de sua execução. Convém alertá-los da importância dessa etapa, que engloba adequação dos aspectos gramaticais da língua, autocorreção, ajuste de palavras e construções de acordo com as intenções do autor e do gênero, entre outras ações. É importante fazer o autor perceber-se como leitor de seu próprio texto. Ele deve perceber que a gramática é fundamental para evitar ruídos de comunicação e construções inadequadas que geram ambiguidades. Assim, a revisão deve concentrar-se, inicialmente, na microestrutura e passar para segmentos maiores que estabelecem conectividade e garantem a coesão e a coerência do texto. Verifica-se a organização dos parágrafos e das unidades responsáveis pelo desenvolvimento de ideias que, sequencialmente, levam à ideia global do texto.

Ao término da revisão, passa-se para a última etapa de construção do texto: a editoração. A atenção do autor, nessa etapa, concentra-se no preparo do texto para sua versão final, o que inclui a diagramação e a apresentação visual. Deve-se levar em conta que todo texto produzido passa, de alguma maneira, por uma exposição pública e que a editoração é uma etapa que permite que o autor cause uma boa impressão no leitor. A editoração realizada pelo autor permite, segundo Cintra, Cano e Passarelli (2011), que haja uma etapa de revisão mais consistente, em concomitância com a editoração. O autor, distanciado do ato de escrita, ao reler seu texto, reconstrói períodos e sentenças que poderiam não estar tão claros.

PARA FINALIZAR

As estratégias apresentadas nessa pesquisa não tem intenção de ser determinante para o trabalho do ensino de leitura e produção de textos em língua materna. Trata-se de uma preocupação em sistematizar estratégias que viabilizem um trabalho crítico e reflexivo sobre o texto, que potencialize um olhar que relacione prática textual com as rotinas sociais.

As categorias da AD que destacamos no decorrer da pesquisa, bem como as sistematizações do texto problematizadas pela Linguística Textual, são uma das ferramentas possíveis para a empreitada que iniciamos. A vantagem dessas reflexões no ensino é levar o aluno a problematizar o texto não apenas como uma tarefa a mais na rotina escolar, mas gerar, nessa tarefa, uma interação com o mundo que ele habita e experiência.

As etapas propostas funcionam como um dentre tantos sequenciamentos didáticos possíveis. Pressupor uma metodologia que seja composta por etapas, em que cada uma delas consistam em experiências submetidas ao contato com a prática social e esteja sujeita a avaliação de quem a propõe, permite que o professor articule uma dinâmica mais próxima às competências que o aluno detém de cada etapa da produção e do todo. O texto, assim, é um todo-complexo que deve ser compreendido como um processo e não um produto.

REFERÊNCIAS BIBLIOGRÁFICAS

ADAM, J.-M. **Élements d'analyse textuelle**. Liège: Mardaga, 1990.

_____. **Les texts:** types et prototypes. Paris: Nathan, 1992.

_____. **Linguistique textuelle:** des genres de discours aux textes. Paris: Nathan, 1999.

BAKHTIN, M. **Estética da criação verbal**. São Paulo: Martins Fontes, 1992.

BENVENISTE, É. **Problemas de lingüística geral I**. 4.ed. Campinas: Pontes, 1992.

BERNARDI, T. A gente não quer só cinema, a gente quer dinheiro. **Folha de S.Paulo**, São Paulo, 2 dez. 2013. Opinião. Disponível em: <www1.folha.uol.com.br/colunas/tatibernardi/2013/12/1379447 a-gente-nao-quer-so-cinema-a-gente-quer-dinheiro.shtml>. Acesso em: 16 fev. 2015.

BONINI, A. A noção de sequência textual na análise pragmático--textual de Jean-Michel Adam. In: MEURER, J. L.; BONINI, A.; MOTTA-ROTH, D. (Org.). **Gêneros:** teorias, métodos, debates. São Paulo: Parábola Editorial, 2010.

CINTRA, A. M. M. C.; CANO, M. R. O.; PASSARELLI, L. G. **Leitura e produção de texto**. São Paulo: Blucher, 2011. (Coleção A reflexão e a prática no ensino).

FOUCAULT, M. **A ordem do discurso: aula inaugural no Collège de France, pronunciada em 2 de dezembro de 1970.** 22. ed. São Paulo: Edições Loyola, 2012.

_____. **A arqueologia do saber**. 3. ed. Rio de Janeiro: Forense Universitária, 1987.

JAKOBSON, R. A lingüística e suas relações com outras ciências. In: _____. **Lingüística; poética; cinema**. São Paulo: Perspectiva, 1970.

MAINGUENEAU, D. **Análise de textos de comunicação**. 6. ed. São Paulo: Cortez, 2011.

_____. A análise do discurso e suas fronteiras. **Revista Matraga**, Rio de Janeiro, v. 14, n. 20, p. 13-17, jan./jun. 2007.

_____. A noção do hiperenunciador. **Polifonia**, Cuiabá, v. 10, n. 10, p. 75-97, 2005.

_____. **Cenas da enunciação**. São Paulo: Parábola Editorial, 2008a.

_____. O primado do interdiscurso. In: _____. **Gênese dos discursos**. São Paulo: Parábola Editorial, 2008b.

_____. **Termos-chave da Análise do Discurso**. Tradução de Márcio Venício Barbosa e Maria Emília Amarante Torres Lima. Belo Horizonte: Ed. da UFMG, 2006.

4

A prática da variação linguística e a variação linguística na prática da sala de aula

Raquel Márcia Fontes Martins

Daniela Mara Lima Oliveira Guimarães

4.1 PARA COMEÇO DE CONVERSA

Tradicionalmente, o ensino de Língua Portuguesa pautava-se no trabalho com "a língua correta". A gramática tradicional era a principal referência para um ensino de nomenclatura gramatical, muitas vezes, distanciado do uso efetivo da língua. Nessa perspectiva, aprendia-se, por exemplo, a classificar os termos da oração (sujeito, predicado etc.) e as próprias orações (subordinadas, coordenadas etc.). Contudo, não havia qualquer vinculação disso com o significado dessas formas nos textos reais, nos diversos gêneros textuais que circulam na sociedade. Essa proposta tradicional era baseada na memorização de "rótulos" e na análise de frases "soltas" e descontextualizadas.

Na área de variação linguística, um grande problema desse ensino era considerar a Língua Portuguesa uma língua homogênea, composta apenas da norma-padrão, e ignorar suas diversas variedades. Era ensinado ao aluno que, para aprender Língua Portuguesa, ele deveria falar e escrever "corretamente" segundo as regras da norma-padrão, presentes na gramática tradicional ou prescritiva. Na verdade, o foco era a escrita-padrão, de modo que a fala viria a reboque dessa escrita, pois apregoava-se que se devia falar exatamente como se escrevia, segundo as regras da gramática tradicional.

Certamente, esse é um grande equívoco de tal visão de ensino, visto que fala e escrita apresentam relações, mas não são exatamente iguais, já que são modalidades diferentes de uso da

Variedades: Variedade linguística é um dos diversos modos de falar uma língua que se relacionam a fatores sociais, como origem geográfica, classe social, gênero, idade, escolaridade etc. Dessa forma, por exemplo, no português brasileiro, o modo de falar da cidade de Rio Branco (AC) é uma variedade linguística diferente do modo de falar da cidade de Porto Alegre (RS), que tem outra variedade linguística.

Fala: O papel da fala no ensino da língua ganhou um destaque maior após a publicação dos Parâmetros Curriculares Nacionais – PCN (1998). Os PCN estabelecem o eixo da oralidade para o ensino de Língua Portuguesa. Alguns importantes trabalhos sobre a fala e o eixo da oralidade no ensino da língua são de Bagno (2007), Bortoni-Ricardo (2004), Castilho (1998) e Ramos (1997).

Relações: A respeito das relações e do funcionamento »»

>> da fala e da escrita, recomenda-se a leitura de Castilho (1998) e Marcuschi (2004).

Estilo de linguagem: Neste texto, *grosso modo*, "estilo de linguagem" pode ser entendido como o nível de formalidade no uso da língua: mais ou menos formal. Desse modo, enquanto uma piada apresenta um estilo mais informal, uma lei apresenta um estilo mais formal. Adiante, esse ponto é abordado com mais profundidade.

"Beijo": Aqui, não são utilizados símbolos de transcrição fonética, mas se representa a pronúncia com a forma entre aspas.

língua e cada uma tem seu funcionamento próprio. Assim, por exemplo, quanto ao estilo de linguagem, tanto a fala quanto a escrita apresentam formas-padrão e não padrão. Dito de outra forma, essas duas modalidades apresentam linguagem formal e informal: na escrita, o gênero ofício apresenta linguagem formal, assim como, na fala, uma audiência judicial apresenta linguagem formal. Por outro lado, um bilhete tende a ser escrito em linguagem informal, do mesmo modo que na fala uma conversa descontraída em um bar tende a ser informal. No entanto, como se pode depreender por esses exemplos de gêneros textuais (na escrita: ofício e bilhete; na fala: audiência judicial e conversa), o funcionamento da linguagem é específico em sua modalidade oral ou escrita.

Dessa maneira, por exemplo, enquanto uma forma como *bj* (abreviação para a palavra *beijo*) pode ser adequada na despedida de um bilhete, não o é no encerramento de um ofício. Este gênero textual tende a apresentar outras formas de despedida como *Atenciosamente* e *Respeitosamente*. A forma escrita *bj* pode também ocorrer em um bate-papo na internet ou em uma mensagem de celular, mas não é atestada na fala. Na fala, a palavra *beijo* pode ser pronunciada de forma semelhante a sua escrita ortográfica ("beijo"), por exemplo, no Rio Grande do Sul, mas também pode ser pronunciada como "beju", que é usada mais frequentemente em situações informais, em lugares como Minas Gerais. Nesse exemplo da palavra *beijo*, nota-se algo importante sobre fala e escrita: ambas as modalidades apresentam variação (*beijo* e *bj* na escrita; "beijo" e "beju" na fala). Isso é importante na configuração do estilo de linguagem (do mais formal ao mais informal) do gênero de texto utilizado. Como apontado, *bj* pode ser adequado para um bilhete, mas não para um ofício.

Vale ressaltar que há uma gradação no estilo de linguagem na fala e na escrita. Desse modo, deve-se pensar em um contínuo entre formal e informal, que começa no mais formal, passa por "graus" ou "níveis" de formalidade e informalidade intermediários e chega ao mais informal. Os diversos gêneros textuais orais e escritos se situam nesse contínuo.

A figura, a seguir, utilizando os exemplos de gêneros dados e outros intermediários, representa essa relação de gêneros com o estilo de linguagem em um contínuo, partindo do mais formal e seguindo ao mais informal. Como se pode perceber, os gêneros da fala estão situados acima da linha tracejada, que representa o contínuo, já os gêneros da escrita estão situados abaixo dessa linha.

Capítulo 4   A prática da variação linguística e a variação linguística na prática da sala de aula

Na figura, a linha tracejada representa o contínuo entre os gêneros orais e escritos. Cabe ressaltar que os diversos gêneros podem ser alocados no decorrer da linha que continua para além dessa figura, o que é indicado pelas setas à direita e à esquerda da linha. Por essa representação, nota-se que, na fala, a audiência jurídica tende a ser mais formal do que uma notícia de TV. Por outro lado, uma conversa em um bar tende a ser mais informal do que uma entrevista em rádio. Com relação à escrita, percebe-se que o ofício tende a ser mais formal do que uma reportagem, enquanto o bilhete tende a ser mais informal do que a carta pessoal.

Dando prosseguimento a essa discussão inicial que visa a contextualizar o tema deste capítulo, o ensino da variação linguística, é preciso destacar ainda algumas importantes contribuições dos estudos da Sociolinguística. Essa área demonstra que as diferentes formas de falar ou variedades de uma língua são dotadas de regras; elas são ordenadas e não caóticas. Isso significa que não é somente a norma-padrão que apresenta regras; pois as diferentes formas de falar ou variedades linguísticas também as apresentam. Por exemplo, quando se atesta na língua o uso de "os menino bonito" (para "os meninos bonitos" na norma-padrão), nota-se que o emprego do plural é obrigatório no artigo (determinante "os"), de modo que formas como "o meninos bonitos", "o meninos bonito" e "o menino bonitos" não ocorrem no português brasileiro.

Os estudos sociolinguísticos indicam que o ensino da língua precisa abordar as diferentes variedades linguísticas, não somente a norma-padrão ou as variedades de prestígio, mas também as variedades ou formas estigmatizadas. Hoje, concebe-se que o objeto de ensino e aprendizagem da Língua Portuguesa é a língua em seu caráter variante e mutante.

Tendo em vista essa reflexão, este capítulo trata do ensino da variação linguística. Aborda-se a pouco conhecida situação de multilinguismo no Brasil e depois trata-se dos níveis e fatores de variação linguística.

Diversos gêneros: Indica-se a leitura de Marcuschi (2004), que apresenta uma figura semelhante que mostra essa relação com vários exemplos de gêneros.

Representação: É preciso considerar outros fatores na classificação de um gênero como mais ou menos formal. Isso porque, a depender do tema e até mesmo do seu suporte, o grau de formalidade pode ser alterado. Por exemplo, uma notícia de tema esportivo tende a ser menos formal do que uma notícia de tema científico em um jornal. Dessa forma, a representação na figura aqui proposta precisa ser relativizada, considerando-se essa questão.

Variedades ou formas estigmatizadas: Bagno (2007) defende essa visão propondo que seja feita uma "reeducação sociolinguística" no ensino de língua.

4.2 MAS A ÚNICA LÍNGUA NO BRASIL NÃO É A LÍNGUA PORTUGUESA?

Além da variação que existe no português brasileiro, uma questão fundamental a ser abordada em sala de aula é a situação de multilinguismo que se tem no Brasil. A conscientização sobre o multilinguístico no país e sua valorização precisam de um tratamento especial nas aulas de Língua Portuguesa.

A ideia de monolíngua, corrente no Brasil, falseia uma realidade importante e urgente de ser ensinada na escola: a Língua Portuguesa não é a única no Brasil, pois, além dela, há aproximadamente outras 210 línguas (BAGNO, 2007). Desse total, a maioria, em torno de 180, são línguas indígenas. As outras são, em geral, línguas de fronteira, como o espanhol, ou de imigrantes, como o italiano e o japonês.

> **Línguas indígenas:** Rodrigues adverte que, antes da chegada dos colonizadores portugueses ao Brasil, havia cerca de 1.200 línguas indígenas, o que demonstra que o multilinguismo já foi maior ainda no país. Os dados aqui indicados se baseiam em estudos publicados no periódico *Ciência e Cultura*.

Assim, é fundamental que se aborde, nas aulas de Língua Portuguesa, a pouco conhecida situação de multilinguismo do país, a qual aponta para uma riqueza linguística e cultural. O respeito e a valorização de todas as línguas aqui existentes devem ser trabalhados em sala de aula, ressaltando-se que, do ponto de vista linguístico, não há uma língua "melhor", "mais correta" ou "mais bonita" do que outra. Todas as línguas são igualmente importantes e perfeitas em seu funcionamento. É certo que a preservação do multilinguismo, o respeito e a valorização de todas as línguas do país é algo que precisa ser conhecido e ensinado nas escolas.

Para a sala de aula

Neste momento, propõe-se explorar a questão do multilinguismo com a intenção de provocar, ao menos, uma sensibilização a esse tema nas aulas de Língua Portuguesa, até mesmo antes da questão da variação linguística no país.

1. Uma interessante atividade de aprofundamento em sala de aula é pedir que os alunos façam uma pesquisa sobre as línguas existentes na cidade, no estado ou na região da escola.

   Essa investigação pode ser feita na escola, com os recursos disponíveis (livros, revistas e jornais da biblioteca, computadores com acesso a internet etc.), ou fora da escola, com os recursos possíveis à realidade dos alunos em casa ou em sua comunidade (biblioteca pública, banca de revistas etc.).

Capítulo 4 **A prática da variação linguística e a variação linguística na prática da sala de aula** 69

2. A área de política linguística pode servir de apoio ao professor para subsidiar essas discussões. Textos do site do Instituto de Investigação e Desenvolvimento em Política Linguística (IPOL) podem ser uma referência inicial para esse trabalho. O site para consulta é <www.ipol.org.br/> (acesso em: out. 2014).

A questão da constituição histórica do português brasileiro também deve aflorar na discussão sobre a situação de multilinguismo no Brasil. Os estudos publicados no periódico *Ciência e Cultura* podem ser uma referência inicial para o trabalho com os alunos. A consulta pode ser feita no site <http://cienciaecultura.bvs.br/scielo.php?script=sci_arttext&pid=S0009--67252005000200015&lng=en&nrm=iso> (acesso em: out. 2014).

Outras sugestões de leitura podem ser conferidas nas referências bibliográficas deste texto.

3. Nessa pesquisa sobre o multilinguismo, é possível propor que os alunos investiguem (de acordo com o momento de escolarização da turma) questões como as apresentadas a seguir. Os comentários sobre as questões visam a servir de referência ao professor, mas podem ser revistos, inclusive em função dos achados da pesquisa feita pelos alunos.

• Quantas e quais línguas foram encontradas na pesquisa? É possível que não sejam encontradas línguas na cidade, nas cidades próximas e no estado, mas sim na região (Norte, Nordeste, Centro-Oeste, Sudeste, Sul) em que a escola se situa.

• Que curiosidades ou características interessantes essas línguas apresentam? Investigar as semelhanças e as diferenças entre as línguas pode ser interessante para os alunos perceberem as relações entre língua e cultura.

• Como está a situação de cada língua e de seus falantes? De modo geral, a maioria das línguas encontra-se em situação delicada, por apresentar poucos falantes em relação ao ideal. Esta questão pode ser bastante problematizada com os alunos para que percebam a necessidade de valorizar e preservar as línguas existentes no país.

• Qual é o número de falantes de cada língua? Que consequências podem sofrer as línguas com poucos falantes? O levantamento do número de falantes das línguas indica a situação delicada de "sobrevivência" delas, o que pode levar a sua extinção em um período relativamente próximo.

• Como está o ensino bilíngue para aqueles que falam outras línguas além do português ou que não são falantes de português? Esta questão remete à política linguística do país. O ensino bilíngue para esses falantes apresenta situações diferentes no Brasil, mas essa é uma área muito carente de discussão e investimento.

- Todas as línguas aqui existentes gozam do mesmo prestígio social? Certamente, não. Como com as diferentes variedades linguísticas, há línguas que sofrem estigma (muitas vezes, as línguas indígenas) e há línguas que gozam de maior prestígio social. Esta é uma questão que precisa ser problematizada para a compreensão do valor cultural e linguístico que todas as línguas apresentam.

- Por que é importante valorizar, respeitar e preservar as línguas que existem no país? Esta questão remete à necessidade de se compreender o valor cultural e linguístico de todas as línguas.

- O que fazer para preservar as línguas existentes no país? A partir desta questão, os alunos podem fazer propostas ou projetos de intervenção na realidade por meio da produção de textos orais e escritos, sugeridos a seguir.

Essas e outras questões que surgirem em sala de aula podem ser discutidas e estimular novas pesquisas.

4. Como comentado na última questão do item anterior (O que fazer para preservar as línguas existentes no país?), a discussão com os alunos pode gerar a elaboração de propostas ou, ao menos, a problematização do tema do multilinguismo em produções de textos, como um artigo de opinião e uma reportagem que podem ser publicados no jornal da escola ou da cidade. Outra possibilidade seria a produção de uma entrevista oral ou escrita com alguma autoridade no assunto (caso isso seja possível) que pode ser divulgada no blog da turma ou da escola. Certamente, esta atividade deve ser articulada em aulas de produção textual, importante eixo de ensino da língua.

O trabalho com a turma pode ser feito individualmente ou em grupos, de acordo com o que o professor julgar mais conveniente para o momento de intervenção.

5. Um projeto interdisciplinar, por exemplo, com as disciplinas de História, Geografia ou língua estrangeira, pode ser pensado nesta proposta de atividade de pesquisa e produção textual. Além da questão do multilinguismo no Brasil ter relação estreita com Geografia (já que as línguas se distribuem pelo país de diferentes maneiras em estados e regiões, o que pode provocar discussões interessantes) e com História (já que essa questão se explica pela própria história do país), pode ter também com as línguas estrangeiras ensinadas na escola, como, por exemplo, Inglês. Pode-se perguntar como é a situação de multilinguismo em países de

língua inglesa. Esta e outras questões podem ser discutidas com os alunos com a participação do professor de língua estrangeira.

Aqui, foram apresentadas apenas algumas sugestões de produção textual. Outras propostas podem ser feitas de acordo com o momento de escolarização dos alunos e a proposta didática planejada para eles.

4.3 MUITAS FORMAS DE FALAR E ESCREVER EM UMA ÚNICA LÍNGUA

Não só é fundamental saber que há muitas línguas no Brasil, é essencial também conhecer a situação de variação do próprio português brasileiro. É importante trabalhar nas aulas de Língua Portuguesa que a variação linguística ocorre não apenas nesse caso, pois é inerente a todas as línguas.

Vale destacar, mais uma vez, as contribuições da Sociolinguística, área que estuda os fenômenos da variação linguística, analisando a correlação entre os fatores linguísticos e os fatores sociais. No português, no alemão, no karib (língua indígena brasileira) ou em qualquer outra língua, a Sociolinguística demonstra que todas apresentam variação e em diferentes níveis.

Tomando apenas o português como exemplo, pode-se observar variação nos seguintes níveis (TARALLO, 1985; BAGNO, 2007):

- variação fonético-fonológica: que ocorre nas diferentes pronúncias do "r" em final de sílaba, como nas palavras "carta" e "mar";
- variação morfológica: termos como "suco de caju" (MG) e "cajuada" (BA), com diferentes formações morfológicas, expressam a mesma ideia;
- variação sintática: as sentenças "O livro, eu achei ele em cima da mesa" e "Eu achei o livro em cima da mesa" apresentam diferentes estruturas sintáticas (respectivamente, tópico/comentário e sujeito/predicado) e um mesmo sentido geral;
- variação lexical: as palavras "mandioca" (MG), "aipim" (RJ) e "macaxeira" (RR) referem-se ao mesmo alimento;
- variação estilístico-pragmática: os enunciados "Por favor, aproxime-se." e "Chega mais!" apresentam graus de formalidade distintos, correspondem a diferentes situações de comunicação e podem ser falados por um mesmo indivíduo,

contudo, as interações são diferentes e nelas estão em jogo, por exemplo, o ambiente da interação, o grau de intimidade entre os interlocutores etc.

Certamente a variação linguística nesses diferentes níveis ocorre não somente no português, mas em qualquer língua, como já mencionado. A pergunta que fica é: o que faz uma língua variar? A resposta para essa questão remete a fatores que condicionam a variação linguística, outro importante aspecto a ser abordado no ensino. Há, basicamente, dois tipos de fatores: os fatores linguísticos ou internos e os fatores extralinguísticos, chamados também sociais ou externos.

Um exemplo de fator linguístico pode ser observado na variação dos sons "se" e "zê" em palavras como *pasta* e *pasma* em dialetos como o mineiro. Na primeira palavra, o "s" representa a pronúncia do som "sê" e, na segunda, do som "zê". Tal variação é condicionada pelo contexto fonético em que há influência de uma consoante sobre outra. Em "pasta", como o "s" está diante de uma consoante não vozeada ("t"), é pronunciado de modo não vozeado, como "sê" no dialeto mineiro. Já em "pasma", como o "s" está diante de uma consoante vozeada ("m"), é influenciado por esse som, sendo pronunciado de forma vozeada, como "zê" no dialeto mineiro. O condicionamento é linguístico nesse caso, porque os falantes dessas formas, de qualquer idade, gênero e escolaridade, por exemplo, vão apresentar uma pronúncia condicionada por um fator linguístico, que é o contexto sonoro (vozeado, não vozeado). No entanto, há de se considerar um fator extralinguístico que atua nesse exemplo. Existe uma variação na pronúncia de *pasta* e *pasma* que é condicionada pelo fator origem geográfica. As pronúncias apontadas para essas palavras são, por exemplo, do dialeto mineiro, como mencionado. Porém, em dialetos como o carioca, o "sê mineiro" em *pasta* é pronunciado como "xê" ("paxta"), e o "zê mineiro" em *pasma* é pronunciado como "jê" ("pajma").

Assim, além da origem geográfica que determina a variação de acordo com o lugar onde a língua é falada, outros fatores extralinguísticos condicionam a variação, tais como:

- classe social: pessoas de níveis sociais diferentes falam de modo distinto;
- escolarização: o acesso à escola e as práticas de letramento dentro e fora dela influenciam a fala dos indivíduos. Observa-se uma relação, geralmente, entre o grau de escolarização e o *status* socioeconômico;

Capítulo 4 A prática da variação linguística e a variação linguística na prática da sala de aula **73**

- idade: pessoas de diferentes idades ou gerações apresentam falas diferentes. Crianças, adolescentes, adultos e idosos falam de modos distintos;

- gênero: homens e mulheres, por exemplo, apresentam falas diferentes. O uso de palavras no diminutivo é mais observado em mulheres do que em homens;

- redes sociais: em cada rede social à qual o indivíduo pertence (família, vizinhança, amigos de infância, academia de ginástica, trabalho etc.) ele tende a apresentar um comportamento linguístico específico.

Outro fator de importância é o estilo ou registro de fala (mais ou menos formal), abordado anteriormente. O estilo refere-se ao grau de monitoramento da fala pelo falante de acordo com a situação de interação em que se encontra. Esse monitoramento pode ser maior, como em seminário apresentado em sala de aula, ou menor, como em uma conversa informal entre amigos. Bortoni-Ricardo (2004) aponta que, em geral, os fatores que levam os falantes a monitorar seu estilo de fala são o ambiente de interação, o interlocutor e o tópico ou assunto da conversa. Levar os alunos a refletir sobre o fator estilo é de suma importância. Isso porque ele favorece um desempenho linguístico (seja na oralidade, seja na escrita) adequado a cada situação de interação, competência que os alunos precisam desenvolver nas aulas de língua.

Ainda a respeito do fator estilo, cabe aqui uma reflexão que se relaciona à noção de "erro" na língua. Do ponto de vista científico da Sociolinguística, não existem formas em funcionamento na língua que sejam exatamente erradas. O que existe é uma questão de adequação das formas linguísticas às mais variadas situações de comunicação.

Para compreender esse ponto de vista, faz-se aqui uma comparação simples com vestimentas que se podem usar de acordo com a situação. Assim como não é adequado ir à praia de terno ou vestido longo de festa, não é adequado ir a um evento formal, como um congresso, de biquíni ou sunga. O terno, o vestido longo de festa, o biquíni e a sunga, em si, não são errados, mas podem ser adequados ou não de acordo com a situação.

Analogamente, na língua, assim como não é adequado dizer "Queira, por favor, sentar-se à mesa" para um amigo íntimo em um ambiente familiar, também não é apropriado dizer "Senta aí, véi!" ao convidar alguém para compor a mesa de uma sessão em um congresso. "Queira, por favor, sentar-se à mesa" e "Senta aí,

> **Erradas:** Aqui, destaca-se a perspectiva científica da Sociolinguística. Contudo, não é possível ignorar no ensino a perspectiva do senso comum, construída socialmente, que atribui valor positivo ou negativo às formas linguísticas (por exemplo, "nós fomos" tem valor positivo, já "nós foi" tem valor negativo). Certamente a segunda perspectiva precisa ser considerada e problematizada no ensino da língua, demonstrando-se as contribuições da Linguística para essa discussão sobre a avaliação social da linguagem, sobre o preconceito linguístico.

véi!" não são, em si, formas erradas, mas sim formas utilizadas na língua com um mesmo sentido geral, porém, em situações de interação diferentes.

Dessa forma, nota-se que o uso da língua não é um "vale-tudo". Ao contrário, para ser bem-sucedido em suas interações, o usuário da língua precisa apresentar habilidades que lhe permitam saber selecionar e utilizar adequadamente as diversas formas de que a língua dispõe. Sem dúvida, trabalhar essas habilidades na escola é uma tarefa fundamental do ensino de Língua Portuguesa.

Para a sala de aula

Para trabalhar os diferentes níveis e fatores de variação linguística, propõe-se uma atividade em grupo, em que os alunos analisam falas de pessoas de diferentes regiões, idade, escolaridade, classe social etc. O principal objetivo desta proposta de atividade é sensibilizar os alunos para a variação existente na língua.

Sugere-se que o professor divida a classe em grupos de três ou quatro participantes, mas ele pode definir outro número de alunos por grupo, se julgar conveniente.

1. Os grupos devem pesquisar, na internet, gravações de fala em entrevistas, noticiários ou programas de auditório de TV, rádio etc. Cada grupo seleciona uma gravação.

2. A gravação escolhida deve ter, no mínimo, 10 minutos de fala.

3. É importante estimular os grupos a selecionar gravações com diferentes estilos de fala (mais formais e menos formais) e pessoas de diferentes origens geográficas, *status* socioeconômicos, faixas etárias e graus de escolaridade. Vale destacar que, no caso das gravações selecionadas, o estilo de fala tende a ser influenciado por fatores como o interlocutor (o público-alvo dos programas), o tópico (o tema do programa). Devem ser selecionados programas em que seja possível ter ao menos uma noção de origem geográfica, faixa etária, escolaridade e classe social de quem fala no programa. Isso garante a ocorrência de diferentes formas de falar, ou seja, a possibilidade de se avaliar uma maior variação da língua.

O professor deve orientar a seleção de gravações, a fim de que essa variedade de falas ocorra e para que as gravações escolhidas sejam de textos adequados ao interesse, à faixa etária e ao nível de escolarização dos alunos.

Capítulo 4 **A prática da variação linguística e a variação linguística na prática da sala de aula** 75

4. Uma vez selecionada a gravação, o grupo deve transcrevê-la de modo ortográfico.

5. Considerando que os grupos tenham escolhido gravações com estilos de fala diferentes (formais e informais) e falantes com características distintas, é hora de analisar as falas encontradas pelos grupos em dois momentos.

   • 1º momento (relacionado aos fatores extralinguísticos de variação):

   a) Qual o tema e o público-alvo da gravação?

   b) O estilo de fala da gravação escolhida é mais formal ou informal?

   c) Quem fala na gravação? Que características apresenta em termos de origem geográfica, faixa etária, escolaridade e classe social?

   A partir dessas três questões iniciais, pode-se comparar, com os alunos, as diferentes gravações dos grupos, considerando os fatores de variação avaliados (estilo de fala, origem geográfica, faixa etária, escolaridade e classe social). É um rico momento para que a turma note a variação linguística decorrente desses fatores. Considerando tais fatores, os alunos podem desenvolver a habilidade de reconhecer formas variantes da língua.

   • 2º momento (relacionado aos níveis de variação na língua):

   a) Que características de pronúncia podem ser destacadas na gravação?

   A tendência é os alunos perceberem pronúncias diferentes das que ocorrem em sua(s) variedade(s) linguística(s).

   b) Que características do vocabulário podem ser destacadas na gravação?

   É mais provável que os alunos percebam o emprego de palavras diferentes das que ocorrem em sua(s) variedade(s) linguística(s).

   Tendo feito esse recorte de análise dos níveis fonético-fonológico (pronúncia) e lexical (vocabulário) de variação da língua, é hora de comparar as falas analisadas pelos diferentes grupos. Os alunos podem desenvolver a habilidade de identificar diferentes formas decorrentes de variação linguística.

6. Cada grupo deve registrar sua análise para discutir com a turma e comparar com as análises dos outros grupos. Recomenda-se que o professor oriente o registro dessa análise comparativa dos grupos.

> 7. Ao final, com o auxílio do professor, a classe pode fazer uma avaliação da atividade, refletindo sobre o que foi aprendido sobre a questão da variação linguística.

PARA FINALIZAR

A prática da variação linguística foi abordada, neste capítulo, principalmente por meio da discussão de questões como o multilinguismo, os níveis e os fatores de variação. As reflexões aqui realizadas visaram a contribuir para o ensino da variação linguística na prática da sala de aula.

Como ressaltado em uma proposta de atividade deste capítulo, o trabalho interdisciplinar é recomendado para tratar da questão do multilinguismo. Pode-se acrescentar, agora, que a interdisciplinaridade é também muito importante para tratar de níveis e fatores de variação. Para dar um exemplo, naturalmente, o estudo dos fatores extralinguísticos (origem geográfica, escolaridade, gênero, idade etc.) requer a interação da Linguística com outras áreas do conhecimento, como a Sociologia, a Geografia, a História etc.

Ainda em relação ao ensino da variação linguística, é necessário formar os alunos para serem usuários competentes da língua nas suas duas modalidades de uso: fala e escrita. Eles precisam apresentar desenvoltura para saber empregar (produzir e compreender), adequadamente, as diversas formas de que a língua dispõe, de acordo com a intenção comunicativa na interação linguística. Para tanto, não somente a norma-padrão como também as diferentes formas decorrentes da variação da língua precisam ser consideradas e trabalhadas em sala de aula. A língua deve ser analisada em seu funcionamento real, com formas e variedades prestigiadas e formas e variedades estigmatizadas. Acima de tudo, dados linguísticos variáveis precisam ser trabalhados em sala de aula, como foi apontado no capítulo e exemplificado em proposta de atividade.

REFERÊNCIAS BIBLIOGRÁFICAS

BAGNO, M. (Org.). **Linguística da norma**. São Paulo: Loyola, 2002.

_____. **Nada na língua é por acaso**: por uma pedagogia da variação linguística. São Paulo: Parábola Editorial, 2007.

BORTONI-RICARDO, S. M. **Do campo para a cidade**: estudo sociolinguístico de migração e redes sociais. São Paulo: Parábola Editorial, 2011.

Capítulo 4 A prática da variação linguística e a variação linguística na prática da sala de aula **77**

_____. **Educação em língua materna:** a sociolinguística na sala de aula. São Paulo: Parábola Editorial, 2004.

BRASIL. Ministério da Educação. **Parâmetros curriculares nacionais:** terceiro e quarto ciclos do ensino fundamental – língua portuguesa. Brasília, DF, 1998.

BRITO, L. P. L. **A sombra do caos:** ensino de língua × tradição gramatical. Campinas: Associação de leitura do Brasil: Mercado de Letras, 1997.

CASTILHO, A. T. de. **A língua falada no ensino de português.** São Paulo: Contexto, 1998.

CIÊNCIA E CULTURA. São Paulo, v. 57, n. 2, abr./jun. 2005. Disponível em: <http://cienciaecultura.bvs.br/scielo.php?script=sci_arttext&pid=S0009-67252005000200015&lng=en&nrm=iso>. Acesso em: out. 2014.

CUNHA, R. B. Políticas de línguas e educação escolar indígena no Brasil. **Educar,** Curitiba, n. 32, p. 143-159, 2008.

FARACO, C. A. Questões sobre política de língua no Brasil: problemas e implicações. **Educar,** Curitiba, n. 20, p. 13-22, 2002.

_____. **Norma culta brasileira:** desatando alguns nós. São Paulo: Parábola Editorial, 2008.

IPOL – INSTITUTO DE INVESTIGAÇÃO E DESENVOLVIMENTO EM POLÍTICA LINGUÍSTICA. Disponível em: <www.ipol.org.br/>. Acesso em: out. 14.

LABOV, W. **Padrões sociolinguísticos.** São Paulo: Parábola Editorial, 2008.

MARCUSCHI, L. A. **Da fala para a escrita:** atividades de retextualização. São Paulo: Cortez, 2004.

MARTINS, M. A.; TAVARES, M. A.; VIEIRA, S. R. (Org.). **Ensino de Português e Sociolinguística.** São Paulo: Contexto, 2014.

OLIVEIRA, G. M. Brasileiro fala português: monolingüismo e preconceito lingüístico. In: SILVA, F. L.; MOURA, H. M. M. (Org.). **O direito à fala:** a questão do preconceito lingüístico. Florianópolis: Insular, 2001.

PERINI, M. A. **A língua do Brasil de amanhã e outros mistérios.** São Paulo: Parábola Editorial, 2005.

RAMOS, J. M. **O espaço da oralidade na sala de aula**. São Paulo: Martins Fontes, 1997.

RODRIGUES, A. D. Sobre as línguas indígenas e sua pesquisa no Brasil. **Ciência e Cultura**. vol. 57, n. 2, p. 35-38, jun. 2005.

SOARES, M. **Linguagem e escola**: uma perspectiva social. 9. ed. São Paulo: Ática, 1992.

TARALLO, F. A. **A pesquisa sociolinguística**. São Paulo: Ática, 1985.

5

O trabalho com a oralidade no Ensino Médio

Lúcia Maria de Assis

5.1 CONSIDERAÇÕES INICIAIS

O objetivo deste capítulo é discorrer sobre o ensino da Língua Portuguesa no Ensino Médio, no que diz respeito ao texto oral, atendendo às orientações dos Parâmetros Curriculares Nacionais (PCN), que preconizam que se deve formar alunos bons produtores de textos orais e escritos.

Começa-se traçando um retrospecto histórico do ensino da Língua Portuguesa. Depois, pontua-se o desenvolvimento dos estudos linguísticos, apontando o que diziam alguns estudiosos do assunto no passado e o que se destaca nos dias de hoje, após a inserção dos textos orais em sala de aula, atendendo aos preceitos dos referidos parâmetros. Autores como Marcuschi, Fávero e Assis, dentre outros, orientam as considerações expostas neste capítulo. Ao final, apresentam-se sugestões de atividades que podem ser levadas para a sala de aula de alunos do Ensino Médio.

5.2 ENSINO DE LÍNGUA PORTUGUESA: BREVE RETROSPECTO

Deve-se lembrar que o ensino da Língua Portuguesa, desde a vinda dos jesuítas para o Brasil, com função catequizadora, sempre esteve calcado nos clássicos. Era o padrão culto escrito que norteava as aulas, cujas orientações constavam no *Ratio Studiorum*, um tipo de manual que conduzia os religiosos. Seguindo o determinado por esse manual, deviam ministrar Retórica, Humanidades, Gramática Superior, Gramática Média e Gramática Inferior.

Jesuítas: O Padre José de Anchieta foi um dos jesuítas responsáveis pelo ensino de Língua Portuguesa aos "gentios". Como auxiliar de sua atividade, produziu, em 1595, uma gramática intitulada *Arte de gramática da língua mais usada na costa do Brasil*.

Esse "currículo", voltado para as humanidades e que tinha os textos dos clássicos como modelo, foi o que ganhou os bancos escolares brasileiros por séculos. Os jovens e todos os demais que desejassem ascender socialmente deviam buscar ler e escrever de acordo com as pessoas doutas. Assim, ensinar Língua Portuguesa era sinônimo de ensinar gramática, que era entendida desta forma: "Gramática portuguesa é a arte de falar e escrever corretamente a língua portuguesa" (REIS, 1866).

Fávero (2003) lembra que, no século XIX, no Colégio Pedro II, modelo para as demais escolas públicas da época, as humanidades imperavam. Nessa ocasião, para ingressar em um curso de medicina, por exemplo, o candidato devia saber Gramática, Retórica, Grego e Latim, em detrimento às disciplinas ligadas às demais ciências.

Os manuais de gramática traziam como exemplos somente trechos de obras da literatura, porque esse era o modelo a ser perseguido, como se a língua fosse um objeto homogêneo. Assim, fragmentos das obras de autores como Camões e Padre Antonio Vieira, entre outros, eram os ideais a serem alcançados por aqueles que frequentavam os bancos escolares. Em relação ao texto oral, julgava-se como "lugar do caos" (MARCUSCHI, 2003), instável, não sistematizável, totalmente dependente do contexto. Portanto, não podia ser objeto de ensino.

Apesar disso, Pinto (1986) destaca que, em 1820, foi possível assistir às primeiras manifestações do português no Brasil, quando Domingos Borges de Barros, o Visconde de Pedra Branca, fez menção ao "idioma brasileiro", apontando diferenças lexicais de sentido entre o português do Brasil e o português de Portugal. É preciso frisar, contudo, que o texto do Visconde de Pedra Branca não foi dado ao público brasileiro, pois foi produzido em francês e publicado na introdução do *Atlas Ethnographique du Globe*, organizado por Adrien Balbi.

Em meados do século XIX, começaram a pulular discussões acerca do português falado no Brasil e em Portugal, e também exclusivamente acerca do português falado no Brasil. Tais discussões foram feitas, especialmente, por José de Alencar e outros autores como João Francisco Lisboa e Gonçalves Dias. Assim, teve início o apontamento de diferenças entre a fala popular e a língua escrita literária. Todas as discussões, no entanto, ficaram no âmbito de "discussões filosóficas".

Júlio Ribeiro, escritor e gramático, em sua *Grammatica Portugueza* (1881), indicou especificidades do falar sorocabano. Pode-

-se afirmar que foi ele, efetivamente, quem ousou inserir em sua obra gramatical considerações acerca de variantes linguísticas.

No Modernismo brasileiro, Oswald de Andrade tratou do tema em "Pronominais":

Variantes linguísticas: Estudiosos da Sociolinguística apontam as seguintes variantes linguísticas: diacrônica – de tempo; diatópica – de lugar; diafásica – de contato; diastrática – de estrato social. Ver também sobre isso o Capítulo 4 deste livro.

"Pronominais": Disponível em: <http://pensador.uol.com.br/frase/NTU4NjA3>. Acesso em: 3 set. 2014.

Pronominais

Dê-me um cigarro

Diz a gramática

Do professor e do aluno

E do mulato sabido

Mas o bom negro e o bom branco

Da Nação Brasileira

Dizem todos os dias

Deixa disso camarada

Me dá um cigarro.

Apenas no último quartel do século XX, com o desenvolvimento da Linguística, esse panorama começou a mudar. A percepção de que, ao falar, também se produz textos e não somente frases soltas e a compreensão da língua em seu aspecto sócio-histórico, em ação – ou seja, proferida por sujeitos em determinados contextos –, começaram a orientar diversas pesquisas que foram paulatinamente tomando os bancos universitários e, como um jogo de dominó, caminhando para a sala de aula do que hoje se chama de Educação Básica.

Na Sociolinguística, Coseriu percebe a lacuna existente na dicotomia saussureana língua/fala, afirmando: "A língua deve ser entendida como função, pois liga-se a fatores históricos" (1979, p. 58), enxergando-a em seu aspecto funcional, isto é, aquela que se pode falar. Ao lado do sistema, conjunto de possibilidades abertas para se falar, o estudioso propõe a norma, conjunto de realizações obrigatórias, consagradas e compartilhadas dentro de uma mesma comunidade de falantes.

Labov, Brigth, Hymes, dentre outros, começaram também a desenvolver suas pesquisas observando o falar de grupos sociais e a estreita relação entre língua e sociedade, ou seja, constataram a relação entre a língua e aqueles que a usam. Assim, fica claro que a língua não é homogênea, como se pensava no passado, mas sim sujeita a fatores externos de ordem geográfica, temporal, social, etc. Portanto, a mudança é uma característica inerente a ela. Sabe-se que várias são as formas que fazem a mudança acontecer: seleção dos falantes, modos isofuncionais, leis fonéticas, empréstimos, economia e até a invenção.

Na instância da comunicação, Coseriu afirma que a língua é um saber: "o ouvinte adota o que não sabe, o que o satisfaz esteticamente, o que lhe convém socialmente ou o que lhe serve funcionalmente. A adoção é, por isso, um ato de cultura, de gosto, de inteligência prática" (1979, p. 78).

> **Texto oral:** A oralidade seria uma prática social interativa para fins comunicativos. Ela se apresenta sob variadas formas ou gêneros textuais fundados na realidade sonora. Vai desde uma realização mais informal à mais formal nos mais variados contextos de uso (MARCUSCHI, 2000).

Assim, começou-se a ponderar as especificidades do texto oral, visto que, se fosse realmente "desorganizado" como se pensava, não haveria interação. Dessa forma, pausas, hesitações, repetições, alongamentos, ênfases, enfim, as marcas ou características de oralidade começaram a ser consideradas na produção textual falada. Essas ponderações foram ganhando corpo e, aqui no Brasil, estudiosos como Castilho, Preti, Marcuschi e Fávero começaram a se dedicar à questão. Foi idealizado, então, o Projeto da Gramática do Português Falado, para que se entendesse o que efetivamente fazemos quando falamos. Marcuschi (2000) expõe a organização do texto oral e mostra que ela ocorre em turnos que constituem a vez do falante. Esses, por sua vez, ocorrem geralmente em pares e, assim, sucessivamente.

Essas pesquisas acabaram por permear os Parâmetros Curriculares Nacionais, que informam que não se trata de ensinar a fala, mas seus diferentes usos, mostrando aos jovens que ela não é homogênea. Além disso, os parâmetros lembram que a fala deve ser objeto de ensino, porque influencia sobremaneira a escrita.

Logo, não é somente o texto escrito literário que se deve levar para a sala de aula como também os textos de diferentes gêneros, inclusive os utilizados no cotidiano, tanto escritos como orais. É preciso lembrar que aprender uma língua é observar como "pessoas do seu meio social entendem e interpretam a realidade e a si mesmos" (PCN, p. 17).

5.3 REVISANDO O TEXTO ORAL

Inicialmente, importa lembrar que, como diz Marcuschi (2000), o texto oral, ou seja, a conversação, é uma atividade centrada que se desenvolve durante o tempo em que dois ou mais interlocutores destinam sua atenção para a tarefa de trocar ideias sobre determinado assunto. Sendo assim, para que haja conversação, é necessário um planejamento discursivo: os falantes precisam ter algo sobre o que falar, disponibilidade e interesse para falar sobre aquilo. De outro modo, pode-se dizer que, para a construção do texto oral, é necessário que haja o envolvimento dos interlocutores com o tópico (assunto) e com a situação, uma vez que isso os faz demonstrar atenção, compreensão e concordância/discordância em relação ao que se produz. Tudo isso é observável e ocorre por meio dos pares adjacentes: ocorrem na extensão de dois turnos, correspondem à fala de cada um dos envolvidos na conversação e compõem-se por uma primeira e uma segunda parte (a produção de cada falante). Isso é observado no exemplo que segue, adaptado do Projeto NURC/SP:

> **Pares adjacentes:** Elementos básicos da interação que, com função de colaborar na organização do texto oral, controlam o encadeamento das ações discursivas. São as falas de cada interlocutor (ASSIS, 2002).

Locutor 1: a sua família é grande?

Locutor 2: nós somos seis filhos

Locutor 1: e a do marido?

Locutor 2: e a do marido... eram doze agora são onze

Locutor 1: ahn ahn

Locutor 2: quer dizer que somos de família grande e então acho que dado esse fator nos acostumamos a muita gente

> **Projeto NURC/SP:** Trata-se do Projeto do Estudo da Norma Urbana Culta no Brasil, que teve início em 1970 em cinco capitais brasileiras: Recife, Salvador, Rio de Janeiro, São Paulo e Porto Alegre. Tem como objetivo caracterizar a modalidade culta da língua falada nessas cidades. Hoje, há grande repertório de gravações, o que viabiliza inúmeras pesquisas na área.

Importa ainda pensar que, como o texto oral pressupõe uma atividade dirigida passo a passo, os interlocutores não têm previamente definida qual sua participação no diálogo; isso ocorre na evolução dos turnos e nas sequências de formulação. Entretanto, cada falante pretende alcançar, de forma geral, três reações do ouvinte: resposta a uma pergunta, crença no que ouve e realização de uma ação. Para atingir esses objetivos, é necessário que o enunciado seja construído de forma que o ouvinte reconheça a intenção comunicativa. O reconhecimento dessa intenção, muitas vezes, dá-se pela interpretação dos procedimentos de formulação – hesitação, paráfrase, repetição e correção –, que correspondem não somente ao planejamento e à realização do texto oral como também ao esforço realizado pelo falante para produzi-lo, deixando marcas que facilitem a compreensão do interlocutor. A ocorrência desses procedimentos confirma a ideia de que a fala é uma atividade criativa que relaciona pensamento e

Marcadores conversacionais:

"A expressão Marcador Conversacional serve para designar não só elementos verbais, mas também prosódicos e não linguísticos que desempenham uma função interacional qualquer na fala. Podem ser produzidos tanto pelo falante quanto pelo ouvinte." (FÁVERO; ANDRADE; AQUINO, 2000, p. 44)

linguagem e se organiza passo a passo, deixando claros seus processos de criação.

Além desses procedimentos, outro recurso bastante comum na organização do texto falado é o emprego dos marcadores conversacionais. Eles estão envolvidos na organização interna do discurso e servem para garantir a manutenção da interação dialógica, a organização dos turnos e o processamento da fala na memória.

Como se vê, o texto oral não é caótico, mas sim planejado. A diferença é que seu planejamento ocorre passo a passo, quase que simultaneamente a sua produção. Pensando nisso e no ensino dessa modalidade de uso da língua nas escolas de Educação Básica, em especial nas do Ensino Médio, conclui-se que é importante apresentar essas características para os estudantes que, muitas vezes, acreditam que não se planeja o que se fala ou, de outro modo, pensam que planejar a fala é elaborar um texto, previamente escrito, que será lido em voz alta em seguida. Não se trata, no entanto, de ensinar o estudante a falar, mas ensiná-lo a organizar e empregar adequadamente os gêneros discursivos da oralidade.

É com base nessa necessidade que se apontam algumas sugestões de atividades, tanto com a exclusiva produção do texto oral como com a observação de que as características da oralidade podem também se manifestar em gêneros textuais escritos.

5.4 ATIVIDADES COM O TEXTO ORAL NA SALA DE AULA

Propõe-se, na sequência, algumas atividades que podem ser realizadas em sala de aula com alunos do Ensino Médio.

Atividades de produção do texto falado

Uma primeira atividade com a oralidade no Ensino Médio pode atender a dois objetivos: primeiro, levar o professor a reconhecer o estágio de aprendizado em que seus alunos se encontram, ou seja, uma sondagem ou uma avaliação diagnóstica; segundo, envolver os alunos em uma situação oral dialogada para, a partir dela, apresentar as características próprias do texto falado que fazem dele um todo organizado.

Pode-se, então, pensar em uma atividade que proponha a discussão de um assunto polêmico, uma vez que isso pode causar, quase espontaneamente, o envolvimento de todos os interlocutores na situação discursiva. Propõe-se, aqui, um tema correntemente abordado nas atividades de produção escrita, quando a finalidade é trabalhar as estratégias argumentativas: a pena de morte.

Para o desenvolvimento da atividade, pode-se solicitar uma pesquisa prévia sobre o assunto, para que os alunos possam perceber que, para defender um ponto de vista, deve-se ter conhecimento do mesmo. Depois de realizada a pesquisa, em sala de aula, o professor pode dividir a classe reunindo, de um lado, aqueles que se posicionam a favor da pena de morte e, de outro, aqueles que são contra. Ao mestre cabe lembrar que a conversação não é lugar do caos, que se organiza em turnos e cada falante deve respeitar o turno do outro. Assim, antes de colocarem seus pontos de vista, os alunos devem esperar a conclusão da exposição do outro.

Para ensejar o início das discussões, o professor pode oferecer uma afirmação-problema para a turma confrontar seus pontos de vista, como: "Com a pena de morte, o Brasil veria diminuído o índice de criminalidade". Essa, como se vê, é uma afirmação altamente polêmica que pode levar os alunos a grandes discussões. Durante o debate, o professor, posicionado em um lugar estratégico, anota como os alunos se comportam em relação às inserções, as estratégias de trocas de turno, a organização dos pares adjacentes, as tomadas e os assaltos ao turno, o emprego de marcadores conversacionais, a manutenção/fuga do tópico discursivo etc. Ao final da atividade, as anotações do professor são apresentadas aos alunos, ressaltando as estratégias de organização do texto falado que eles, mesmo sem as terem estudado, já empregam cotidianamente. Além disso, são trabalhadas as características do gênero discursivo oral debate.

Seguindo o mesmo paradigma, uma segunda atividade pode ser a análise de um debate televisionado. Nesse caso, os alunos devem assistir ao debate previamente gravado pelo professor (é possível aproveitar um debate entre candidatos ao governo do estado ou à presidência do país). Como orientação, além da observação das propostas apresentadas pelos candidatos, o professor propõe a seleção dos mecanismos de organização do texto falado (que os alunos já conheceram em aula anterior) empregados pelos interlocutores, a observação de suas feições e gestos e a enumeração de alguns mecanismos de cortesia empregados entre eles.

No final, a abordagem das características do texto oral é ampliada, pois, além das já estudadas, discute-se também como as expressões faciais e corporais completam/reforçam o que é falado e adicionam informação, muitas vezes, funcionando como um turno do falante. Além disso, pode-se lembrar que, quando se fala (ou escreve), utilizam-se marcas linguísticas que revelam polidez (ou não), igualdade/desigualdade dos papéis sociais e respeito mútuo. Essas formas podem tornar as interações mais eficazes e constituem verdadeiros rituais inseridos na cultura dos povos.

É importante ressaltar ainda que a cortesia é uma estratégia que pode funcionar como uma "máscara", encobrindo os reais objetivos do texto. Essa é uma atividade muito relevante porque, ao mesmo tempo que reforça o trabalho com o texto oral, mostra aos alunos, nesse mundo de violência, que lutar com as palavras, contrariando o poeta, não é uma luta vã e que se luta desde que desponta a manhã.

Por último, dando prosseguimento ao trabalho com a oralidade e ao estudo do gênero debate, o professor pode propor a simulação de um debate, no qual alguns alunos são candidatos à presidência do grêmio estudantil da escola e debatem suas ideias em busca do convencimento de seus eleitores. Nessa atividade, são avaliados o comportamento do moderador e dos debatedores como reais produtores do texto falado, bem como o da plateia que, de alguma forma, também colabora nessa construção.

Atividades de análise de marcas de oralidade em textos escritos: uma análise do gênero crônica

Fala e escrita são duas modalidades linguísticas que não devem ser tratadas de forma dicotômica, como já afirmaram Marcuschi (2000) e Fávero, Andrade e Aquino (2000), uma vez que fazem parte de um contínuo comunicativo que vai variar, inclusive, de acordo com a situação de interlocução. Entretanto, uma das principais características da fala é a necessária presença dos interlocutores (real ou virtual) no momento em que o texto se concretiza, ou seja, a conversação oral dialogada é uma atividade que se desenvolve com múltiplas vozes e precisa da participação dos interlocutores na construção textual. Como fala e escrita pertencem ao já referido contínuo comunicativo, é possível observar textos escritos que tenham bastante proximidade com textos falados.

Para que isso fique claro ao estudante do Ensino Médio, uma interessante proposta de atividade é a análise de gêneros discursivos que não sejam polares nesse contínuo, ou seja, gêneros que

Capítulo 5 O trabalho com a oralidade no Ensino Médio   **87**

sejam híbridos, pois, apesar de se apresentarem, via de regra, sob a forma escrita, são elaborados com características da oralidade e da escrita.

Desse modo, é possível propor a análise de uma crônica. O primeiro passo é a abordagem da crônica como um gênero discursivo escrito que se aproxima dos gêneros falados da língua. Para isso, o professor pode tomar como base dois diferentes autores: Martins e Candido. Para Martins (1980), a crônica parece residir na relação com a elocução oral, possuindo um estilo que se aproxima da marcha do pensamento no momento em que se produz. Candido, por sua vez, diz que há, na crônica, uma "linguagem simplória, fazendo com que haja maior proximidade entre as normas da língua escrita e da língua falada, pois o cronista elabora seu texto à semelhança de um diálogo entre ele e o leitor" (1992, p. 16). Segundo esse autor, a crônica opera milagres de simplificação e naturalidade, demonstrando a busca da oralidade na escrita, isto é, de quebra de artifício e de aproximação com o que há de mais natural no modo de ser do nosso tempo.

Para discutir esses conceitos, é importante que o professor apresente uma crônica, na qual são examinadas as características de fala já estudadas no gênero oral debate. A seguir, apresenta-se como opção a crônica "Avô e neta", de José Carlos de Oliveira.

Avô e Neta

O avô que veio de Minas está sentado num sofá, junto da neta, diante da janela panorâmica do apartamento. O avô está de pijama e chinelos e a neta está sossegada, curtindo aquele avô que veio de Minas para morar na casa dela, no Leblon. Através da vidraça, do outro lado da janela, eles veem uma agência dos Correios e Telégrafos, em cujo mastro está hasteada, batida de chuva, a bandeira brasileira. É o dia 19 de novembro. O nome da menina é Glorinha; o do velho, Vovô Matos. A menina vai fazer três anos não demora. Para curtir o avô, que gosta muito de explicar as coisas e contar histórias, ela puxa o papo:

– Vô... Que pano é aquele que está ali naquele pau, tomando chuva?

– Ah... Bem, Glorinha... Aquele pau não é um pau como outro qualquer. Aquele pau é um mastro. E aquele pano não é um pano qualquer. Aquilo é uma bandeira. A nossa bandeira, compreende? A bandeira do Brasil.

88 Língua Portuguesa

– Bandeira do Brasil? Eu já vi na televisão, mas não é assim que eles cantam, não. Eles cantam "Salve lindo". Eu pensei que o nome dela era "Salve lindo".

– Bem..."Salve lindo" é o hino da bandeira. (Cantarolando) "Salve lindo pendão da esperança, salve símbolo augusto da paz..." Não é isso?

– É.

– Pois esse é o hino da bandeira. Ela hoje está fazendo anos. Quando as crianças fazem anos, a gente canta o "Parabéns pra você". E quando a bandeira faz anos, a gente canta o "Salve lindo".

– A mãe da bandeira do Brasil é lavadeira?

– O quê?

– Estou achando que a mãe da bandeira do Brasil é lavadeira, porque ela botou a bandeira pra secar, e agora veio a chuva e estragou tudo...

– Não, Glorinha. Bandeira não tem mãe. Ela está ali porque, quando a bandeira faz anos, a gente bota ela no mastro. Se hoje tivesse sol e vento, ela ia ficar linda, tremulando...

Pausa.

– Vô... Uma bandeira é o quê? Um brinquedo?

– De certa forma é um brinquedo, mas um brinquedo muito sério. Vou te explicar. Quando tiraram o retrato do Brasil, verificaram que o Brasil era tão grande, mas tão grande, que não ia caber no retrato. Aí, eles fizeram a bandeira, que representa o Brasil. Ela parece pequenina, mas não é não, é tão grande quanto o Brasil. É um símbolo.

– Quer dizer que o Brasil é verde, amarelo, azul e branco?

– Isso mesmo.

– E as estrelinhas... É o céu do Brasil?

– É o céu do Brasil, sim. Cada estrelinha representa um Estado do Brasil. Cada uma tem um nome. Você nasceu no Rio, não foi?

– Nasci na Casa de Saúde Santa Teresinha.

– Pois é, mas a Casa de Saúde Santa Teresinha fica no Rio, portanto você é carioca. Isto quer dizer que tem ali uma estrelinha só pra você. Se não me engano, chama-se Alfa da Hidra Fêmea. Tem uma estrela para Minas, outra para Pernambuco, e assim por diante, até pegar tudo quanto é estado brasileiro e, de quebra, o Distrito Federal, que fica em Brasília.

– A bandeira do Brasil é mais importante do que a do Flamengo?

– Muito mais importante.

– Por quê?

– Porque o Flamengo também é brasileiro e todo brasileiro põe a bandeira do Brasil acima de tudo. O brasileiro é capaz de morrer pela nossa bandeira. É também capaz de viver por ela.

– Ela é a mais bonita do mundo?

– É a mais bonita do mundo porque é a nossa, a única que nós temos. Eu acho você a menina mais bonita do mundo porque você é a única neta que eu tenho.

Pausa.

– Vô... Quem foi Augusto da Paz?

– O quê?

– Quem foi Augusto da Paz? Eu vejo todo mundo cantando assim na televisão: "Salve lindo pendão da esperança, salve símbolo Augusto da Paz"...

– Ah, Glorinha, você tem cada uma... Essa pergunta eu não sei responder não... Daria muito trabalho...

No trabalho com essa crônica, o professor pode levar os alunos a analisar diversos aspectos de oralidade, como os destacados a seguir.

Como no texto falado, a crônica organiza-se por meio da troca de turnos e da estruturação tópica, o que ocorre com o emprego de marcadores conversacionais, pares adjacentes e atividades de formulação. Quanto aos turnos, é comum a alternância ocorrer em forma de dílogos, trílogos e polílogos. Em "Avô e neta" ocorrem dílogos, uma vez que o texto se desenvolve em torno de duas personagens – o avô e sua neta –, que conversam sobre a bandeira brasileira. Sendo assim, salvo intervenções do narrador, a cada turno produzido pela neta há um turno correspondente do avô. De maneira geral, nesses turnos, os pares adjacentes são do tipo pergunta-resposta. Observa-se uma relação de assimetria, pois, apesar de constantes trocas nos papéis de ouvinte/falante, é a neta quem direciona a conversação, ou seja, é por meio de suas perguntas que o diálogo vai se desenvolvendo. Tais afirmações podem ser verificadas nos seguintes fragmentos:

> *Neta: – Vô... Que pano é aquele que está ali naquele pau, tomando chuva?*
>
> *Avo: – Ah... Bem, Glorinha... Aquele pau não é um pau como outro qualquer. Aquele pau é um mastro. E aquele pano não é um pano qualquer. Aquilo é uma bandeira. A nossa bandeira, compreende? A bandeira do Brasil.*

(Inserção do tópico discursivo por meio do par adjacente pergunta-resposta.)

> *Neta: – Vô... Quem foi Augusto da Paz? [Redirecionamento do tópico]*
>
> *Avô: – O quê?*
>
> *Neta: – Quem foi Augusto da Paz? Eu vejo todo mundo cantando na televisão: "Salve lindo pendão da esperança, salve símbolo Augusto da Paz"...*
>
> *Avô: – Ah, Glorinha, você tem cada uma... Essa pergunta eu não sei responder não... Daria muito trabalho.*

Os turnos examinados, e também os outros, desenvolvem-se em torno de uma estruturação tópica, ou melhor, geram tal estruturação. O tópico, de acordo com Fávero, constitui "uma atividade construída cooperativamente, havendo correspondência de objetivos entre os interlocutores" (1995, p. 39). Na prática, a neta tem interesse em fazer perguntas sobre a bandeira do Brasil e o avô está disposto a respondê-las, ou seja, ele está interessado no tópico discursivo em desenvolvimento.

Observa-se também que, quando a neta pergunta ao avô o que é o pano no pau, ele necessita de um tempo para formular sua resposta, precisa pensar como explicar de forma simples para que uma criança de três anos entenda. Esse momento de reflexão é denunciado pela utilização de dois marcadores conversacionais ("ah" e "bem"). Ao final da explicação, o avô quer se certificar de que a menina entendeu o que explicou; para isso, ele utiliza um novo marcador conversacional ("compreende?").

Já no final do diálogo, ocorre novamente o marcador "Ah". Dessa vez, ele não denuncia tempo para formulação, mas sim decepção, já que depois de tudo o que já foi explicado pelo avô a respeito da bandeira, a menina faz uma pergunta que demonstra que não havia entendido nada.

Atividades de retextualização

Neste tipo de atividade, o professor pode trabalhar com a retextualização de textos orais de dada situação comunicativa aplicados a outra situação. O objetivo desse tipo de atividade é demonstrar aos alunos, na prática, que a organização textual, tanto escrita quanto oral, deve considerar a situação comunicativa e os graus de formalidade exigidos por ela. Isso deixa claro que não se trata de transformar um texto oral em um texto escrito, dizendo que a fala é informal e a escrita é formal, mas de adequar o gênero empregado à situação comunicativa.

É com esse objetivo que se podem propor diferentes contextos para a verbalização de uma mesma informação. Por exemplo, partindo-se de um fato dado, os alunos podem comunicá-lo a diferentes públicos em diferentes contextos.

5.5 SITUAÇÕES COMUNICATIVAS

FATO: O Dr. Vanderval Pereira, reconhecido e milionário cirurgião plástico da cidade de São Paulo, sofreu um acidente de automóvel e faleceu no dia 10 de maio, às 13 horas.

1. O fato é informado na abertura de um evento sobre cirurgia plástica.

2. O hospital que socorreu o famoso cirurgião, comunica, por telefone, o ocorrido a sua esposa.

3. A esposa do médico reúne os empregados de sua casa e noticia o ocorrido.

4. No final do dia, ao chegar em casa cansada e preocupada com o aumento salarial que não fora assinado pelo patrão, a empregada doméstica da família do cirurgião conta o fato para seu marido.

5. O padre da paróquia frequentada pela família Pereira noticia o fato na missa dominical.

Esta atividade pode ser trabalhada em duas diferentes etapas. Na primeira, divididos em grupos, os alunos apresentam oralmente como o fato é comunicado nos diferentes contextos. Nesse caso, o professor precisa assegurar-se de que o texto não vai ser escrito, uma vez que se trata exclusivamente de uma atividade de produção de texto oral. Se possível, é interessante o registro em áudio da produção dos alunos.

Na segunda etapa, os grupos produzem textos escritos para cada uma das situações comunicativas. Nesta etapa, cabe ao professor propor a comparação entre os primeiros textos produzidos (os orais) e os últimos (os escritos). A intenção é levar os estudantes a observar que os textos se apresentam de maneira diferente de acordo com a situação comunicativa (mais formal ou mais informal) e também segundo a modalidade utilizada, oral ou escrita.

PARA FINALIZAR

Neste capítulo, viu-se que, no passado, o texto oral não era objeto de estudo. Tinha-se a impressão de que a língua falada era pobre, incorreta, estruturalmente caótica, lugar do caos. No entanto, observou-se, ao longo dos anos, a impossibilidade dessas considerações. Se assim fosse, as pessoas não se compreenderiam, não se comunicariam, não poderiam interagir. Outro aspecto abordado foi que essa situação começou a mudar no último quartel do século XX, quando começaram os estudos sobre o que se faz ao falar. E esses estudos foram ganhando espaço e adentrando o ensino brasileiro.

Agora, é possível relembrar que, de acordo com Bechara (2006), deve-se formar alunos *poliglotas* dentro da própria língua. Entende-se que o domínio do texto oral, em suas várias situações, é uma forma de tornar os alunos ainda mais proficientes em Língua Portuguesa e capazes de se comunicar com mais competência em seu dia a dia.

Afora isso, o reconhecimento das especificidades do texto oral também pode auxiliá-los na produção do texto escrito, evitando marcas específicas de oralidade quando forem indevidas. Assim, um professor que deseje fazer de sua sala de aula um espaço de efetivo aprendizado de Língua Portuguesa, deve favorecer o aprendizado de textos em suas várias modalidades e gêneros, jamais se esquecendo do texto oral.

REFERÊNCIAS BIBLIOGRÁFICAS

ASSIS, L. M. de. **Crônica:** um caso de dialogismo fala/escrita. 2002. Dissertação (Mestrado em Letras) – Universidade de Taubaté, Taubaté, 2002.

BALBI, A. **Atlas ethnographique du globe**. Paris: [s.n.], 1826.

BECHARA, E. **Ensino da gramática:** liberdade ou opressão?. São Paulo: Ática, 2006.

BRASIL. Ministério da Educação e do Desporto. Secretaria de Educação Fundamental. **Parâmetros curriculares nacionais ensino médio**: Linguagens, códigos e suas tecnologias. Brasília, DF: MEC/SEF, 1998.

BRIGHT, W. As dimensões da sociolinguística. In: FONSECA, M. S. V.; NEVES, M. F. (Org.). **Sociolinguística**. Rio de Janeiro: Eldorado, 1974.

CANDIDO, A. A vida ao rés do chão. In: _____. (Org.). **A crônica:** o gênero, sua fixação e suas transformações no Brasil. Campinas: Editora da Unicamp, 1992.

CASTILHO, A. T. (Org.). **Gramática do português falado**. Campinas: Editora da Unicamp: Fapesp, 2002. v. 1.

CASTILHO; A. T. PRETI, D. (Org.). **A linguagem falada culta na cidade de São Paulo**: materiais para seu estudo. São Paulo: TAQ: Fapesp, 1986. v. 1.

COSERIU, E. **Teoria da linguagem e linguística geral:** cinco estudos. Rio de Janeiro: Presença; São Paulo: Edusp, 1979.

FÁVERO, L. L. Século XIX no Brasil: Gramática e Ensino. In: SILVA, D. H.; LARA, G. M. P.; MENEGAZZO, M. A. (Org.). **Estudos de linguagem**. Campo Grande: Universidade Federal de Mato Grosso do Sul, 2003.

_____. O tópico discursivo. In: PRETI, D. (Org.). **Análise de textos orais**. 2. ed. São Paulo: Humanitas, 1995.

FÁVERO, L. L. ANDRADE, M. L. da C. V. O.; AQUINO, Z. G. O. **Oralidade e escrita:** perspectivas para o ensino de língua materna. 2. ed. São Paulo: Cortez, 2000.

HYMES, D. On communicative competence. In: PRIDE, J. B.; HOLMES, J. **Sociolinguistics**. Baltimore: Penguin Books, 1972.

LABOV, W. **Padrões sociolinguísticos**. São Paulo: Parábola, 2008.

MARCUSCHI, L. A. **Análise da conversação**. 4. ed. São Paulo: Ática,1986.

_____. Gêneros textuais, definição e funcionalidade. In: DIONÍSIO, A. P.; MACHADO, A. R.; BEZERRA, M. A. **Gêneros textuais & ensino**. 2. ed. Rio de Janeiro: Lucerna, 2003.

_____. **Da fala para a escrita:** atividades de retextualização. São Paulo: Cortez, 2000.

MARTINS, S. J. A. **A crônica brasileira**. São Paulo: Editora Unesp, 1980.

OLIVEIRA, J. C. Avô e neta. In: NOVAES, C. E. et al. **Crônicas**. São Paulo: Ática, 1997. (Série Para gostar de ler, v. 7).

PRETI, D. (Org.). **Análise de textos orais**. 5. ed. São Paulo: Humanitas, 2001.

PINTO, E. P. **A língua escrita no Brasil**. São Paulo: Ática, 1986.

REIS, S. **Grammatica Portuguesa**. Maranhão: Typ. de R. de Almeida, 1866.

RIBEIRO, J. **Grammatica Portugueza**. São Paulo: Jorge Seckler, 1881.

6

O ensino de gramática nas aulas de Língua Portuguesa: como fazê-lo funcionar?

Larissa Ciríaco

6.1 INTRODUÇÃO

Neste capítulo, trata-se de um ponto que tem causado muita controvérsia no ensino de Língua Portuguesa na escola: o ensino de gramática. Afinal, o que é ensinar gramática? Antes de iniciar a conversa, é preciso esclarecer essa questão.

Há não muito tempo, pensava-se que ensinar gramática era o mesmo que ensinar Língua Portuguesa. As aulas tinham como objetivo principal ensinar a *falar e escrever corretamente*, e acreditava-se que isso poderia ser alcançado ensinando aos alunos o que era sujeito, o que era verbo, como ele forma o predicado, qual era a análise sintática daquela frase cheia de períodos compostos e subordinados etc. Em outras palavras, ensinar Língua Portuguesa era ensinar apenas a gramática, e ensinar a gramática era o mesmo que ensinar um conjunto de nomes que os gramáticos dão para as palavras e as frases da língua, bem como as regras que, segundo eles, eram as regras "corretas" para usar a língua. Pensava-se que assim o aluno sairia da escola dominando o "português correto" e sabendo falar e escrever maravilhosamente bem. Entretanto, não era isso que acontecia. Na realidade, os alunos saíam da escola dizendo que o português era "chato" e "difícil" e repetindo o quanto não sabiam "nada de português". Essa situação lhe parece familiar?

> **Gramáticos:** Nesse caso, a palavra "gramáticos" se refere aos autores das conhecidas gramáticas escolares, aqueles que dizem como se deve ou não falar e escrever. Exemplos dessas gramáticas são Cunha e Cintra (2013) e Bechara (2005).

Hoje, já se sabe que não é bem assim que se deve conceber o ensino de gramática e de língua portuguesa. Já se entende também que ensinar nomenclatura gramatical não vai garantir que

Funcional: Nesta abordagem, o ensino da linguagem pauta-se pela compreensão de que a língua é usada para interagir com os outros na sociedade e para representar a realidade, estando intimamente ligada ao "significado" e à "função" que ela serve para expressar. Assim, especificamente para o ensino de gramática, não se pode perder de vista o significado que está atrelado aos recursos gramaticais de que se dispõe. E é a partir desse significado que as aulas de gramática devem ser planejadas e desenvolvidas.

Gramática: Como explicado mais adiante, até bem recentemente, senão até os dias de hoje, alguns professores são levados a pensar que a gramática não deva mais ser ensinada. Essa crença, equivocada, veio à tona depois que um conjunto de questões sobre o ensino de gramática começou a surgir, ao lado de crescente angústia, sofrimento e inquietação dos professores sobre o assunto. Alguns autores, ansiando por mudanças, lançaram projetos audaciosos sobre o tema, colocando em xeque o ensino de gramática. Um desses projetos está descrito no livro *Gramática: nunca mais*, do professor Luis Carlos de Assis Rocha (2002). Vale esclarecer, porém, que o professor Rocha não defende o abandono da gramática em sala de aula, mas questiona seu ensino do modo como era feito.

os alunos saibam utilizar a norma-padrão culta da língua, seja na fala, seja na escrita, com a desenvoltura esperada. Também se compreende que o ensino de Língua Portuguesa na escola, como língua materna, ou seja, como língua que os alunos já dominam muito bem em vários aspectos, não pode englobar apenas o ensino gramatical, mas também deve incluir as habilidades de leitura e de produção de textos. Em realidade, sabe-se, de modo geral, que o ensino de Língua Portuguesa precisa estar voltado principalmente para essas habilidades de leitura e produção de texto e que a análise dos recursos gramaticais deve fazer parte das aulas para dar suporte a esse aprendizado e não ser fim em si mesmo. Esses conhecimentos fazem parte de uma nova perspectiva de ensino de Língua Portuguesa como língua materna, já difundida atualmente entre os professores: a perspectiva sociointeracionista, que defende uma abordagem funcional para o processo de ensino/aprendizagem dos conteúdos de Língua Portuguesa. Entretanto, embora muitos dos pressupostos dessa nova maneira de conceber o ensino de Língua Portuguesa já estejam difundidos entre os professores, muitos ainda não se sentem seguros para abordar o conteúdo gramatical em sala de aula dentro dessa nova perspectiva. São muitas as dúvidas, como: se o ensino de Língua Portuguesa deve focar o desenvolvimento da leitura e da escrita, então é ou não é para ensinar gramática? Se é para se ensinar gramática, que gramática deve ser ensinada? E ainda mais importante: como conduzir, na prática, uma aula de gramática?

A fim de responder a essas questões e de ajudar o professor a adaptar sua prática de ensino de gramática a essa nova perspectiva de ensino/aprendizagem de língua materna, desenvolve-se este capítulo. Os objetivos são: (i) discorrer sobre o que é ensinar gramática dentro de uma abordagem sociointeracionista para o ensino da língua; (ii) argumentar em favor do ensino de gramática, especialmente no Ensino Médio, mostrando como fazer e por que o ensino de gramática é relevante; e (iii) apresentar propostas para a abordagem de conteúdos gramaticais a fim de mostrar o que fazer para que a teoria seja incorporada na prática. Partindo desses objetivos, este capítulo foi organizado da seguinte maneira. Na próxima seção, discorre-se sobre o que é ensinar gramática, apresentando, de forma resumida, os conceitos teóricos fundamentais para sustentar a prática em sala de aula. Isso posto, na seção 6.3 passa-se a tratar das razões para se ensinar gramática, especialmente no Ensino Médio, elucidando pontos importantes sobre o tratamento de conteúdos gramaticais nesse estágio de escolarização. Posteriormente, na seção

Capítulo 6 · O ensino de gramática nas aulas de Língua Portuguesa: como fazê-lo funcionar?

6.4, são apresentadas algumas sugestões de atividades, mostrando como o professor pode trabalhar os conteúdos gramaticais de forma integrada ao desenvolvimento das habilidades de leitura, produção textual e saber gramatical por si mesmo. Por fim, na seção 6.5, conclui-se este capítulo.

6.2 O QUE É ENSINAR GRAMÁTICA?

Para orientar a prática em sala de aula, precisa-se, antes, esclarecer dois pontos. Primeiramente, ensinar português não é o mesmo que ensinar gramática. Explica-se. Segundo as reflexões recentes, o ensino de língua materna na escola só se justifica na medida em que oferece ao aluno meios de se comunicar em sua língua das mais variadas formas, utilizando variedades linguísticas mais ou menos formais, seja na fala, seja na escrita, de acordo com o que for adequado à situação em que ele se encontra. Por exemplo: ninguém que nasceu no Brasil precisa ir à escola para se comunicar com seus familiares em casa, pois sabe, desde muito pequeno, como usar a língua nessa situação. Por outro lado, se precisar comparecer a uma entrevista de emprego, pode ser que alguém se sinta menos preparado para se comunicar oralmente nessa situação do que para se comunicar com familiares em casa. E é para preparar as pessoas para esse tipo de situação, dentre muitas outras, que o ensino de Língua Portuguesa na escola se justifica. Assim, o ensino de Língua Portuguesa na escola deve expandir a habilidade do aluno de se expressar adequadamente nas mais variadas situações de uso da língua (BAGNO, 2007), ou seja, nos mais diversos eventos de letramento com base nos quais a sociedade está organizada (SOARES, 2002). Isso implica o desenvolvimento das habilidades de: (i) ler e interpretar textos orais e escritos; (ii) produzir textos orais e escritos; e (iii) utilizar os recursos linguísticos de modo a produzir os efeitos de sentido necessários à leitura e à produção textual. Portanto, essas habilidades requerem, além de conhecimentos linguísticos, conhecimentos sobre o mundo em que se vive; sobre a cultura; sobre os processos cognitivos ao ler e interpretar; sobre os gêneros textuais; sobre os aspectos da situação que engloba a leitura e a produção, tais como quem produz o texto, para quem o texto é produzido, que papéis sociais os interlocutores desempenham etc.

> **Eventos de letramento:**
> São todas as situações que envolvem a leitura e a escrita. Hoje em dia, todos estão cada vez mais imersos em eventos de letramento, e sabe-se, mais em uns e menos em outros, o formato de cada um deles dentro da sociedade. Exemplos de eventos de letramento são ações como fazer a feira ou supermercado; tomar um ônibus; deixar um bilhete; fazer a leitura de *outdoors*, pôsteres, panfletos, legendas de programas, comerciais e filmes, e-mails, faixas, cartazes, camisetas, jornais, revistas, livros etc.

Desse modo, é importante enfatizar que o ensino de gramática é apenas uma *parte* do ensino de Língua Portuguesa e não todo ele. E é uma parte importante, porque auxilia as pessoas a se comunicarem mais e melhor em sua língua em determinadas

98 Língua Portuguesa

situações. Logo, em segundo lugar, precisa-se deixar claro que o ensino de gramática não pode se limitar a ensinar a identificar os nomes das classes de palavras e das funções sintáticas dos elementos na frase. De nada serve decorar os nomes dos elementos gramaticais se não se sabe como utilizá-los e que efeitos de sentido eles podem provocar quando utilizados. Sendo assim, defende-se, em concordância com muitos autores (TRAVAGLIA, 2009; OLIVEIRA, 2010; GERALDI, 2011; MENDONÇA, 2006; NEVES, 2009; FURTADO DA CUNHA, 2007), um ensino de gramática funcional, contextualizado e articulado com o desenvolvimento das capacidades de leitura e de produção textual dos alunos. Essa prática de ensino de gramática é chamada por alguns autores "análise linguística"; outros preferem usar a expressão "reflexão gramatical". Entretanto, não se estabelece distinção terminológica neste capítulo. O importante é que uma nova concepção de ensino de língua materna seja apreendida e, com ela, uma nova maneira de abordar o conteúdo gramatical em sala de aula, não importa o nome que se dê a essa prática.

> **"Análise linguística":** Nos PCN de Língua Portuguesa, encontra-se tal expressão.

Assim, segundo Mendonça, o ensino de gramática deve possibilitar "a reflexão consciente sobre fenômenos gramaticais e textual-discursivos que perpassam os usos linguísticos" (2006, p. 204). E como fazer isso? Como possibilitar essa "reflexão consciente" de que a autora fala? O que seria essa abordagem contextualizada, voltada para a ampliação das habilidades de leitura e produção textual? A autora explica que a metodologia adotada deve ser aquela que vá *do* texto *para* a análise linguística (gramática), ou seja, que parta da competência discursivo-textual para a competência gramatical (MENDONÇA, 2006). Certo, mas como se pode fazer isso? Será que basta substituir as frases utilizadas para fazer análise sintática por textos completos e a partir deles fazer a análise de suas frases? Será que é isso? Você já deve ter intuído que não.

> **Frases e classes de palavras:** Uma prática equivocada, que tem sido observada até mesmo em muitos livros didáticos, resume-se em: trazer um texto, pedir a leitura desse texto, propondo até excelentes atividades de interpretação e compreensão, mas, ao se trabalhar o conteúdo gramatical, apenas tirar frases do texto para categorizar ou analisar certas classes de palavras, que muitas vezes são escolhidas aleatoriamente, conforme o conteúdo que deve ser visto ao longo do ano.

Como bem observa Mendonça, o professor deve ficar atento para não cair na armadilha de buscar novas perspectivas – por exemplo, reconhecer o papel do texto em sala de aula de Língua Portuguesa – e continuar adotando velhas práticas – ou seja, inserir o texto nas aulas apenas por inserir, sem vivência nem reflexão, apenas como mero objeto para se "pinçar" ou "catar" frases e classes de palavras. Para não cair nessa armadilha, é preciso ter bem claros alguns pressupostos teóricos. Antes de começar a pensar em uma prática para o ensino de gramática em sala de aula, alguns conceitos são fundamentais. Segundo Oliveira (2010),

Capítulo 6 **O ensino de gramática nas aulas de Língua Portuguesa: como fazê-lo funcionar?** 99

o professor deve ter bem claro para si que concepção de língua ele adota; o que ele entende por ensinar/aprender; o que é saber português e por que ele está ensinando Língua Portuguesa a seus alunos. Pensar sobre isso é importante, porque toda a postura do professor em sala de aula será orientada a partir daí.

Respondendo a essas necessidades apontadas por Oliveira, no caso deste capítulo, para *ensinar gramática de modo integrado* ao desenvolvimento das habilidades de leitura e produção textual, é preciso primeiro entender que a língua é um meio de interação social, que pressupõe a presença do sujeito que fala, do sujeito que ouve, suas especificidades culturais e o contexto de produção e recepção. E, dado isso, aprender apenas a estrutura gramatical não é suficiente para uma pessoa ser capaz de usar a língua nas mais diversas situações de interação verbal. É preciso que se parta do conceito de *competência comunicativa*, segundo o qual o falante, para ser competente em sua língua, precisa da habilidade para usar suas regras, adequando-as às situações sociais. Sobre ensinar, é preciso que se tenha em mente que o aprendizado é um processo de interação que envolve dois fatores fundamentais: o aprendiz e o ambiente sociocultural no qual ele está inserido. Nessa perspectiva, o professor vê seu *aluno como um ser ativo*, sujeito da construção de seus conhecimentos. Desse modo, *o professor é um instrumento* que permite essa construção, o corresponsável pelo aprendizado, aquele que cria uma atmosfera afetiva positiva para facilitar a aprendizagem. Ainda segundo Oliveira, é importante também que o professor continue estudando, para se manter bem informado e estar preparado para fornecer informações atualizadas a seus alunos, recomendar a leitura de textos e livros e orientar na construção de seu aprendizado.

No que diz respeito a saber português, basta que se saiba que *todos nós sabemos português!* Desde muito pequenos já falamos e usamos a língua com muita propriedade. Portanto, as formas que as pessoas usam para falar nada têm a ver com saber ou não português. Afinal, no uso vivo da língua, não existem formas de falar certas ou erradas, apenas diferentes e mais ou menos *adequadas* a uma ou outra situação. É essa noção de adequação que os alunos precisam entender, para então compreender que usar uma forma coloquial dentro de um contexto formal de uso da língua, como em uma entrevista de emprego, não é adequado; entretanto, dentro de um contexto informal, como entre amigos, conversando na praça da cidade, pode ser que sim. Oliveira ainda lembra que são usadas regras gramaticais complexas em qualquer varieda-

Contexto informal: Um exemplo muito corriqueiro é o uso de "você" × "cê", em português falado, especialmente em Minas Gerais. Todos os mineiros, quiçá todos os brasileiros, estão bem familiarizados com o uso de "cê" na fala informal. Entretanto, todos sabem que é preferível usar "você" em uma situação mais formal de uso da língua. Imagina falar "cê" dando uma palestra dentro da universidade? Imagina chamar o reitor da universidade de "cê"? Seria inadequado, certo? Entretanto, fala-se "cê" quase todos os dias e nem por isso os falantes se sentem "errados" ou são mal compreendidos por causa disso.

Científica: O interesse científico pela linguagem pode ser incentivado nos alunos. Quando são encorajados a observar a língua, usando sua própria intuição de falante, é isso que se está fazendo. Na prática, isso significa olhar para a língua como um objeto a ser estudado. Por exemplo, sabe--se que seres humanos usam sua habilidade de classificar as coisas do mundo para melhor estudá-las e compreendê-las. É assim que se entende o funcionamento reprodutivo das plantas, por exemplo: estudando suas partes reprodutivas e entendendo as funções de cada uma na reprodução. O mesmo pode ser feito em relação à língua. Esquecendo as aulas anteriores de gramática por um momento, pense nas palavras. As palavras da língua não são todas de um mesmo tipo. Será que os alunos concordam com isso? Não concordam? Com certeza, concordam. Sem pensar em nomes e nomenclatura gramatical, quais são os tipos de palavras que existem? Será que uma palavra como "certeza" é do mesmo tipo que "será"? Que outros tipos existem? Por que se sabe que "certeza" não é do mesmo tipo que "será"? Que critérios os alunos acham que podem ser utilizados? Será possível pensar no significado como um critério para separar as palavras? E a forma que elas assumem? O que há »»

de: sujeitos vêm expressos quando verbos exigem, os verbos têm seus complementos, a conjugação é marcada quando imprescindível etc. Por fim, é importante que o professor tenha claro seu objetivo ao entrar em sala de aula para ensinar Língua Portuguesa, que, em poucas palavras, é formar cidadãos melhores. Cidadãos que sejam mais engajados socialmente e que se sintam capazes de exercer plenamente sua cidadania. Afinal, é isso que, em última instância, é oferecido aos alunos ao permitir que desenvolvam cada vez mais, e cada vez melhor, suas habilidades de uso da língua.

6.3 O ENSINO DE GRAMÁTICA NO ENSINO MÉDIO

O ensino de gramática no Ensino Médio tem suas especificidades. Segundo Mendonça, no Ensino Médio, o ensino de gramática deve partir de "uma *reflexão explícita e organizada* para resultar na construção progressiva de conhecimentos e categorias explicativas dos fenômenos em análise" (2006, p. 204, grifo da autora). Em outras palavras, a reflexão a ser elaborada com os alunos sobre os conteúdos gramaticais deve incentivar, por parte deles, a sistematização desses conteúdos e a reflexão científica. Isso significa não apenas explicitar o conjunto de conhecimentos linguísticos que eles possuem como também registrá-los, propor categorias, analisar as categorizações existentes (como, por exemplo, as fornecidas pelas gramáticas tradicionais), checá-las com os dados reais analisados, questioná-las e até mesmo revisitá-las. Sobre isso, Perini (1995), ao fornecer suas razões para o ensino de gramática, defende uma posição interessante de ser pensada para o Ensino Médio. Segundo ele, ensinar gramática é importante por três razões: (i) para aplicação imediata, como, por exemplo, procurar palavras no dicionário e entender as notações escritas em cada entrada; (ii) para formar habilidades de pesquisa e de pensamento independente, como o raciocínio sobre as estruturas da língua, a observação dos dados, a testagem de hipóteses sobre esses dados etc.; e (iii) para a formação cultural, afinal, a estrutura da língua é um aspecto do mundo e, se há interesse sobre tantos outros aspectos do mundo, como fenômenos físicos e geográficos sem aplicação imediata, por que não haveria sobre a língua?

Assim, com base nas razões apresentadas por Perini, acredita--se que o ensino de gramática, especialmente no Ensino Médio, época em que os alunos estão mais maduros e se preparam para a vida adulta (seja pensando sobre o curso universitário que vão cursar, seja se preparando para entrevistas de emprego), deve

Capítulo 6 O ensino de gramática nas aulas de Língua Portuguesa: como fazê-lo funcionar? **101**

servir também para despertar o interesse pela pesquisa e o olhar científico sobre as coisas do mundo. É interessante que a reflexão gramatical fomentada no Ensino Médio também encoraje o aluno a olhar para a língua como fenômeno do mundo e, portanto, passível de ser analisada cientificamente. Desse modo, defende-se uma prática nesse estágio de escolarização que reforce os pontos sobre gramática já vistos, aprofunde as questões e fomente uma discussão científica sobre a língua, que desperte o interesse e a curiosidade do aluno por esse campo de estudo.

»» de diferente na forma de "certeza" e de "será"? Por exemplo, é possível dizer "certezas", mas é possível dizer "serás"? Essas são algumas questões a serem levantadas com os alunos. Todas elas ajudam a despertar o interesse pela língua e por sua observação como objeto científico.

É interessante notar que Mendonça (2006), ao fornecer exemplos de conteúdos gramaticais a serem trabalhados em sala de aula, em conjunto com o desenvolvimento de outras habilidades, propõe as seguintes categorias: análise linguística e leitura, análise linguística e produção textual, e análise linguística e análise linguística. Acredita-se que esta última divisão pode refletir a proposta de Perini de tratar o ensino da gramática da língua também em si mesmo, para a formação de habilidades de pesquisa e do pensamento independente, na medida em que se encoraje nos alunos o olhar científico sobre a língua. É nesse espírito que estão estruturadas as atividades propostas a seguir.

6.4 SUGESTÕES DE ATIVIDADES

Nesta seção, exemplifica-se a abordagem discutida até o momento com atividades para se trabalhar alguns conteúdos gramaticais. A primeira atividade trabalha a gramática e a leitura; a segunda, a gramática e a produção escrita (e também sua relação com a oralidade); por fim, a terceira atividade está mais orientada para o trabalho da gramática pela gramática.

Atividade 1: transitividade verbal

Nesta atividade, sugere-se levar para a sala de aula um aparelho de som, ou um arquivo de áudio, e apresente a canção "Construção", de Chico Buarque. Há várias análises da letra dessa música na internet, e é possível pedir até que os alunos procurem informações sobre ela como preparação para a aula. Professor, na aula, peça que os alunos escutem a música e, posteriormente, apresente parte da letra, como o trecho seguinte:

Amou daquela vez como se fosse a última

Beijou sua mulher como se fosse a última

E cada filho seu como se fosse o único

E atravessou a rua com seu passo tímido

Subiu a construção como se fosse máquina

Ergueu no patamar quatro paredes sólidas

Tijolo com tijolo num desenho mágico

Seus olhos embotados de cimento e lágrima

Sentou pra descansar como se fosse sábado

Comeu feijão com arroz como se fosse um príncipe

Bebeu e soluçou como se fosse um náufrago

Dançou e gargalhou como se ouvisse música

E tropeçou no céu como se fosse um bêbado

E flutuou no ar como se fosse um pássaro

E se acabou no chão feito um pacote flácido

Agonizou no meio do passeio público

Morreu na contramão atrapalhando o tráfego

O que o eu lírico quer dizer: Neste ponto, abre-se uma oportunidade interessante para uma atividade interdisciplinar que conversa com a literatura, o contexto literário de produção da música, e até com a história, no que diz respeito ao contexto político. Essa é uma possibilidade a ser explorada pelo professor.

Leia a letra com os alunos e discuta seu sentido fazendo perguntas como: o que entenderem da letra? O que o eu lírico quer dizer? Façam relação com o título da música, o ritmo etc. Observem que o ritmo parece evocar o bate-estaca de uma construção, não acham? Pensem sobre essa ideia. Agora estendam essa ideia para a letra: o que dá a ideia de construção? Provavelmente, vocês vão chegar à ideia de que há uma sequência de eventos acontecendo, um cotidiano, uma rotina sendo construída, certo? Pergunte também com que recursos linguísticos eles acham que essas sequências de eventos são realizadas na letra da música. Levante a questão: que palavras ou expressões são utilizadas para fazer essas descrições de eventos? Chame a atenção, então, após a reflexão, para o uso dos verbos e pergunte: são eles os recursos linguísticos que possibilitam descrever os eventos? Vale a pena usar o recurso visual de projetar novamente a letra da canção (ou apresentar em uma folha de papel) com os verbos negritados:

Amou daquela vez como se fosse a última

Beijou sua mulher como se fosse a última

Capítulo 6 O ensino de gramática nas aulas de Língua Portuguesa: como fazê-lo funcionar? **103**

E cada filho seu como se fosse o único

E **atravessou** a rua com seu passo tímido

Subiu a construção como se fosse máquina

Ergueu no patamar quatro paredes sólidas

Tijolo com tijolo num desenho mágico

Seus olhos embotados de cimento e lágrima

Sentou pra descansar como se fosse sábado

Comeu feijão com arroz como se fosse um príncipe

Bebeu e **soluçou** como se fosse um náufrago

Dançou e **gargalhou** como se ouvisse música

E **tropeçou** no céu como se fosse um bêbado

E **flutuou** no ar como se fosse um pássaro

E se **acabou** no chão feito um pacote flácido

Agonizou no meio do passeio público

Morreu na contramão atrapalhando o tráfego

Continue conversando com os alunos fazendo perguntas como: por que será que os verbos são usados sistematicamente nessa letra? Será que materializam a temática da construção evocada na música? Que construção é essa? É possível pensar em uma construção física, um prédio, por exemplo? Ou em uma vida sendo construída, talvez, com início, meio e fim? Pense nessas possibilidades com os alunos e, então, retome a questão de se utilizar verbos para descrever os eventos, os acontecimentos. Retome os que eles sabem sobre essas palavras e sobre a transitividade. Pense em como determinar a transitividade, que, conforme os alunos já devem ter aprendido, se baseia no contexto oracional. Proponha que categorizem os verbos da letra da música.

Depois, solicite uma categorização semântica: por exemplo, "amar" descreve a mesma noção semântica de "subir"? E "morrer"? Veja que o primeiro descreve um estado emocional, o segundo descreve uma ação e o último descreve uma mudança de estado. E quanto aos outros verbos? Pode-se falar em "classes semânticas"? Se for o caso, aprofunde a questão das funções semânticas associadas às funções sintáticas, perguntando: que tipo de função semântica os verbos atribuem a sujeito e complemento? Agente? Paciente? Aqui, tem-se um bom mote para refletir, em uma próxima aula, sobre as definições de sujeito dadas nas gramáticas tradicionais: o sujeito é sempre agente? E quando for paciente? Deixa de ser sujeito? Podem verificar as definições de sujeito de alguns gramáticos e observá-las. Por fim, como é possível sistematizar esses dados? Quais tipos de informações foram descobertos sobre os verbos e suas transitividades?

Uma sugestão é fazer um quadro para resumir o que foi discutido. Ao final da atividade, espera-se que os alunos tenham sistematizado a noção semântica relacionada a uma categoria morfossintática da língua: os verbos. Espera-se também que tenham dividido os verbos de acordo com suas transitividades e com a semântica associada a eles, se ação, processo ou estado. Também devem ter separado conforme a função semântica associada a sujeito e complemento. E, ainda, espera-se que tenham começado a refletir sobre a noção de sujeito, o que pode servir de assunto para uma próxima aula.

Atividade: Na verdade, esta é uma sequência de atividades que podem ser desdobradas em mais de uma aula.

Atividade 2: pontuação

Nesta atividade, sugere-se trabalhar com a pontuação e a reescrita de textos. Também explora as diferenças entre a escrita utilizada em mensagens trocadas nas redes sociais, que se aproximam mais da forma como se fala, e a escrita formal. Primeiro propõe-se que o professor faça uma reflexão sobre esses modos de escrever. Pergunte aos alunos como escrevem mensagens de celular, no Facebook, no Whatsapp e em outras redes sociais. Compare essa forma de escrever à forma como escreveriam um bilhete para um professor da escola, por exemplo, ou para a secretária do diretor. Peça, previamente, que os alunos levem textos de mensagens enviadas a eles pelo Facebook, para servir de material de trabalho na atividade. Um exemplo é a seguinte mensagem, enviada pelo Facebook:

> *Aqui, to querendo marcar sábado pra gente encontrar a tarde, a Paulinha já topou, anima não!!! Ainda não vi com a Bia o resto das meninas...*

Essa mensagem foi trocada entre duas amigas próximas. Pergunte aos alunos como essa mensagem seria escrita caso fosse endereçada para um conhecido mais distante. Peça que imaginem ainda como seria a mensagem se estivesse em um bilhete, em

Capítulo 6 O ensino de gramática nas aulas de Língua Portuguesa: como fazê-lo funcionar? **105**

papel, escrito a caneta, entre dois colegas de trabalho não muito próximos. Observe também, com os alunos, as marcas de oralidade existentes nessa mensagem: será que mensagens de internet são mais oralizadas do que mensagens escritas em papel? Solicite que reflitam sobre isso. Lembre-se sempre de evitar julgamentos de valor sobre uma modalidade ou outra de escrita, não se trata de dizer o que é mais correto, mas sim do que é mais *adequado* em cada caso.

> **Oralizadas:** Bortoni-Ricardo (2008) mostra que há uma gradação entre oralidade e escrita. Deve-se pensar em como isso se aplica neste contexto: há usos na internet menos oralizados (como o e-mail) e outros mais oralizados (WhatsApp).

Sugira que os alunos reescrevam essa mensagem, de forma a ficar adequada a uma situação mais formal de uso da língua. Eles vão observar que precisarão mudar a forma como a mensagem foi pontuada, a fim de veicular o sentido pretendido de maneira mais precisa e adequada a uma situação formal. Faça uma reflexão sobre a pontuação. Por exemplo, na mensagem, o uso da exclamação na primeira frase não condiz com a intenção de se fazer um convite. Peça que os alunos reescrevam também as outras mensagens que levaram ou façam isso juntos: todos podem escrever uma mensagem de cada vez no quadro e discutir as modificações com a turma inteira.

Atividade 3: crase

Esta atividade também envolve as habilidades de leitura e interpretação, mas seu foco é a sistematização de um conteúdo gramatical relativo ao *padrão culto da língua*, a saber: o uso da crase em situações formais de uso da *língua escrita*, um assunto complicado para ser analisado usando apenas a intuição. Sugerimos que a crase seja trabalhada com base na pesquisa, na observação e na posterior sistematização do conhecimento produzido. O professor pode avisar antecipadamente aos alunos que o assunto da aula seguinte será crase e propor que eles pesquisem sobre o tema e tragam seus achados para a sala de aula. Posteriormente, na aula, o professor pode iniciar retomando o fato de que, em junho de 2015, Caetano Veloso se manifestou publicamente sobre uma postagem de sua equipe em suas redes sociais. Segundo o cantor:

Homenagem a Bituca estava escrito nas redes sociais que levam o meu nome com o "a" om acento grave, indicando uma crase. Não há crase, o "a" é apenas preposição. Bituca não é uma mulher ou uma palavra que você pudesse usar o artigo definido feminino antes. Isso se você costuma usar o artigo, porque nós, baianos, não usamos. Nós dizemos "a casa de fulana". Mas mesmo se fosse colocar o artigo, vocês teriam que ter dito "ao Bituca". Mas não tem artigo. Aquela crase ali é um erro chato. É um erro idiota.

Fonte: <http://veja.abril.com.br/noticia/entretenimento/professor-caetano-da-bronca-em-equipe-e-ensina-o-uso-da-crase/>.

A partir desse acontecimento, o professor pode analisar o depoimento de Caetano com os alunos à luz do que prescrevem as gramáticas normativas, entendendo as razões pelas quais não se pode usar crase na expressão "homenagem a Bituca". O professor pode então pedir aos alunos para citarem mais exemplos de uso indevido da crase, conforme a pesquisa que fizeram previamente. Peça aos próprios alunos para explicarem, fazendo com que eles tenham a oportunidade de sistematizar oralmente o conteúdo estudado. Observe que o uso correto da crase depende de qual verbo ou nome sucede a preposição: por exemplo, no caso do episódio analisado, o nome "homenagem" exige preposição "a". Sendo assim, se a palavra que vier depois da preposição for do gênero feminino, o uso da crase pode ser obrigatório (o que não ocorre no caso citado por Caetano). Após essa análise, o professor pode analisar outros trechos com os alunos, como o seguinte:

O primeiro-ministro dedicou os seus primeiros 45 dias de mandato a [...] passar [...] ao país a mensagem de estabilidade governativa e 'segurar' **a esquerda** *unida. [...] Por saber que terá de manter um equilíbrio de forças durante o mandato, negociando à esquerda e à direita, Costa [...] quis mostrar logo no arranque da legislatura que "respeitará" o que acordou [...].*

Fonte: <http://economico.sapo.pt/noticias/um-mes-para-cumprir-acordos-a-esquerda-e-demonstrar-estabilidade_239303.html>.

Esse trecho mostra que a preposição "a" na expressão "a esquerda" pode vir ou não grafada com crase. Em "segurar a esquerda unida", a expressão "a esquerda" funciona como *objeto direto* do verbo "segurar" (a = artigo), nomeando um grupo de pessoas ou partidos com determinada posição política. Já em "negociando à esquerda", o uso da crase se faz necessário porque a expressão "à esquerda" indica uma direção a ser tomada nas negociações (mesmo que seja uma direção figurativa, política), funcionando como *expressão adverbial* (a = artigo + a = preposição). É interessante que o professor apresente ainda outros casos para discutir com os alunos. Analisem juntos outros textos semelhantes, para então promover a sistematização dos conhecimentos produzidos.

PARA FINALIZAR

Neste capítulo, discutiu-se o ensino de gramática no Ensino Médio, tendo em vista as teorias mais recentes de ensino/aprendizagem de língua materna. Foi apresentada uma abordagem funcional para o tratamento dos conteúdos gramaticais em sala de aula, que integra a corrente de estudos sociointeracionistas. Também foram mostrados os conceitos fundamentais para nortear a prática do professor em sala de aula, a maneira como se aplicam ao ensino de gramática e, de modo específico, como podem colaborar para o ensino de gramática no Ensino Médio. Posteriormente, foram dadas algumas sugestões de atividades para trabalhar alguns conteúdos gramaticais, procurando sempre acessar a própria intuição dos alunos para construir o conhecimento sobre a gramática. Também procurou-se conjugar a reflexão gramatical com o desenvolvimento das habilidades de leitura e produção de textos e o trabalho com os gêneros textuais. Espera-se que a discussão apresentada e os exemplos de como trabalhar os conteúdos tenham inspirado o professor do Ensino Médio a pensar sua própria prática em sala de aula e, aos poucos, encontrar seu próprio modo de aprimorá-la.

REFERÊNCIAS BIBLIOGRÁFICAS

ANTUNES, I. **Aula de português:** encontro e interação. São Paulo: Parábola Editorial, 2003.

BAGNO, M. **Nada na língua é por acaso:** por uma pedagogia da variação linguística. São Paulo: Parábola Editorial, 2007.

BECHARA, E. **Moderna Gramática Portuguesa**. 15. ed. Rio de Janeiro: Editora Lucerna, 2005.

BORTONI-RICARDO, S. M. **O professor pesquisador:** introdução à pesquisa qualitativa. São Paulo: Parábola Editorial, 2008.

BUNZEN, C.; MENDONÇA, M. (Org.). **Português no ensino médio e formação do professor**. São Paulo: Parábola Editorial, 2006.

CUNHA, C.; CINTRA, L. **Nova gramática do português contemporâneo**. 6. ed. São Paulo: Lexikon Editorial, 2013.

FURTADO DA CUNHA, M. A.; TAVARES, M. A. Ensino de gramática com base no texto: subsídios funcionalistas. **Ariús**, Campina Grande, v. 13, n. 2, p. 156-162, jul./dez. 2007.

GERALDI, J. W. (Org). **O texto na sala de aula**. 5. ed. São Paulo: Ática, 2011.

MENDONÇA, M. Análise linguística no ensino médio: um novo olhar, um outro objeto. In: BUNZEN, C.; MENDONÇA, M. (Org.). **Português no ensino médio e formação do professor.** São Paulo: Parábola Editorial, 2006.

NEVES, M. H. de M. **Que gramática estudar na escola?** Norma e uso na língua portuguesa. São Paulo: Contexto, 2009.

OLIVEIRA, L. A. **Coisas que todo professor de português precisa saber:** a teoria na prática. São Paulo: Parábola Editorial, 2010.

PERINI, M. A. **Gramática descritiva do português.** 2. ed. São Paulo: Ática, 1995.

ROCHA, L. C. de A. **Gramática nunca mais.** Belo Horizonte: Ed. UFMG, 2002.

SOARES, M. Novas práticas de leitura e escrita: letramento na cibercultura. **Educação e Sociedade**, Campinas, v. 23, n. 81, p. 143-160, dez. 2002.

TRAVAGLIA, L. C. **Gramática e interação:** uma proposta para o ensino de gramática. 13. ed. São Paulo: Cortez, 2009.

7

Multimodalidade, leitura e escrita: novas práticas de letramento

Helena Maria Ferreira

Mauricéia Silva de Paula Vieira

7.1 INTRODUÇÃO

A partir da década de 1980, a sociedade brasileira passou por profundas modificações ocasionadas pela globalização e pela presença das tecnologias de informação e de comunicação. Essas mudanças se deram nas relações sociais, nos modos de veicular as informações e também nos textos que circulam socialmente.

Santaella (2003), em estudos sobre cultura e tecnologias, elencou cinco gerações tecnológicas, a partir do advento da escrita: as tecnologias do reprodutível, do disponível, da difusão, do acesso e da conexão contínua. Ao se refletir sobre a interação entre essas gerações tecnológicas e os modos de veiculação de conhecimento, percebe-se que a essas diferentes tecnologias está imbricado um conjunto de linguagens possíveis; as linguagens verbal, sonora e visual se articulam ampliando as possibilidades de arranjos entre as semioses. Assim, o verbal somou-se ao sonoro e ao visual, ampliando as possibilidades de disseminação de informação e de construção de sentido. Ainda é preciso destacar que, na cultura contemporânea, seis tipos de lógicas comunicacionais e culturais coexistem: oral, escrita, imprensa, de massas, das mídias e cibercultura (SANTAELLA, 2003). Cada nova cultura que surgia provocava alterações nas funções sociais realizadas pelas tecnologias precedentes e, em um processo dialético, também sofria alterações. Essas alterações não se manifestaram apenas em relação às tecnologias como também em todas as esferas sociais e nas práticas de linguagem.

> Cinco gerações tecnológicas:
> Para melhor entendimento dessa questão, uma breve explicação sobre as tecnologias. Tecnologias do reprodutível: produzidas com o auxílio de tecnologias eletromecânicas, introduziram o automatismo e a mecanização da vida; jornais, foto e cinema configuram-se como as inovações que lançaram as bases para a cultura de massa. Tecnologias da difusão: o rádio e a televisão, ícones de inovação tecnológica em termos de difusão, permitiram a ascensão das culturas de massa. Tecnologias do disponível: inovações tecnológicas de pequeno porte (TV a cabo, videocassete, copiadoras etc.) que permitiram o surgimento da cultura de mídias; tais tecnologias instauraram processos de comunicação mais segmentados e voltados »»

»» para um público específico. Tecnologias do acesso: o computador e a internet possibilitaram a criação do ciberespaço, do navegar em redes, da interatividade, do hipertexto; tais tecnologias permitiram agregar, em uma mesma superfície, todos os tipos de textos, som, imagem, voz, mobilidade etc.; possibilitaram novas formas de armazenamento, de manipulação e de difusão da informação, configurando-se como tecnologias da inteligência. Tecnologias da conexão contínua: constituídas de uma rede móvel de pessoas e de tecnologias nômades que operam em espaços físicos não contíguos; seu traço mais característico é a mobilidade, o que permite o acesso à informação e o envio de mensagens a qualquer momento – conexão contínua; as inovações tecnológicas que se destacam são os dispositivos móveis (SANTAELLA, 2003).

Gêneros textuais/discursivos: A distinção entre gêneros textuais e discursivos não é objeto de discussão deste texto, que apresenta uma visão geral da questão.

As práticas de linguagem são sempre situadas em determinado contexto (social, histórico, cultural) e envolvem participantes que constroem imagens das condições de produção, das temáticas a serem discutidas, das diferentes esferas sociais com seus textos específicos e, sobretudo, de um conjunto de tecnologias disponíveis. Em cada momento sócio-histórico, os textos produzidos têm suas características constitutivas inalteradas ou modificaram-se de acordo com os recursos tecnológicos e os suportes disponíveis para a produção e veiculação; configuram-se, portanto, como "tipos relativamente estáveis de enunciados" ou como gêneros do discurso, na terminologia usada por Bakhtin (2003, p. 277). Intrinsecamente ligados à esfera da comunicação da qual fazem parte, os gêneros discursivos refletem as condições específicas e as finalidades dessas esferas por meio de três elementos básicos: (i) conteúdo temático (refere-se aos temas das diferentes atividades humanas), (ii) estrutura composicional (corresponde ao modo como se estrutura o texto e também à forma como um texto se organiza) e (iii) estilo de linguagem (corresponde à seleção dos recursos linguísticos, como vocabulário, estrutura sintática, escolha lexical etc., que são empregados em função da esfera em que o gênero vai circular). Tais gêneros, considerados em seu contexto sócio-histórico, indiciam as práticas sociais e as relações estabelecidas entre os participantes. Fornecem como indícios as representações construídas coletivamente por esses participantes sobre a sociedade em si e sobre o modo de produzir, armazenar e divulgar o conhecimento. Assim, a compreensão das práticas de linguagem não pode ser dissociada dos textos que se materializam nesses "padrões relativamente estáveis" e que circulam socialmente em determinado momento.

Na contemporaneidade, as diferentes tecnologias (do acesso e da conexão contínua) possibilitaram uma "guinada para o visual" (KRESS, 2010; KRESS, VAN LEEUWEN, 1996; 2001) e os gêneros textuais/discursivos que circulam socialmente apontam a mudança do modelo de textos monomodais para o de textos multimodais. A primazia dada ao texto apenas verbal esbarra em outras práticas de leitura e de escrita que requerem dos sujeitos habilidades em ler textos que congreguem som, imagem, escrita, música, cor, tamanho, entonação, ritmo, efeito visual, diagramação etc. Trata-se da multimodalidade, característica constitutiva dos gêneros textuais/discursivos. Segundo Jewitt, a multimodalidade é uma abordagem interdisciplinar, desenvolvida nas últimas décadas, que visa a tratar de forma sistematizada questões contemporâneas que articulam novas mídias e tecnologias.

Para a autora, "as abordagens multimodais têm proposto conceitos, métodos e perspectivas de trabalho para a coleção e análise de aspectos visuais, auditivos, corporificados e espaciais da interação e dos ambientes, bem como da relação entre os mesmos" (JEWITT, 2012).

O conceito de multimodalidade alia-se ao fato de que, nas práticas sociais mediadas pela leitura e pela escrita, os textos que circulam apresentam uma combinação fluida entre formas de linguagem escrita, oral, imagética, gestual, postural, de cores, musical, e assim por diante. Essas formas de linguagem são referidas como modos, ou como um conjunto articulado de recursos semióticos que "são constantemente transformados por seus usuários em resposta às necessidades comunicativas das comunidades, instituições e sociedades" (JEWITT, 2009, p. 21). Em um evento comunicativo, esses modos contribuem para que o leitor/ouvinte possa produzir sentido.

Para se entender o conceito de multimodalidade, é importante considerar que, tradicionalmente, os pesquisadores focalizavam os estudos linguísticos na análise de duas modalidades da língua, centradas na dimensão verbal: escrita e oral. Com o avanço dos estudos linguísticos, essas duas modalidades passaram a ser vistas como práticas sociais, já que o estudo das línguas se funda em usos (MARCUSCHI, 2001). A oralidade e a escrita tornaram-se, portanto, práticas e usos da língua com características específicas, pois apresentaram condições de produção distintas, mas intercambiáveis. A partir da análise dessas especificidades, da concepção de língua como interação e das influências das tecnologias da informação e da comunicação nas relações sociais, o conceito de modalidade foi redimensionado, passando a ser concebido não só em suas peculiaridades como também em suas intersecções. Isso significa que a oralidade e a escrita começaram a ser tomadas como modos de realização da língua, com os variados recursos audiovisuais e iconográficos que constituem os discursos. Assim, os gêneros textuais, orais ou escritos, para além dos recursos linguísticos, possuem outros elementos que colaboram no processo de produção dos sentidos de um texto (pausa, entonação, expressão facial, gesto, *layout*, imagem, cor, recurso tipográfico, vídeo, movimento, enquadramento etc.).

Os estudos que consideram a multimodalidade estão embasados em três princípios: (i) a multimodalidade pressupõe que todos os recursos (visuais, falados, gestuais, escritos etc.) contribuam para a construção do sentido; (ii) esses recursos são organizados e estão alicerçados em práticas culturais compartilhadas em uma comunidade; e (iii) todo ato comunicativo é modelado pelas normas e regras que operam no momento de produção do signo, influenciado por motivações e interesses de pessoas em contextos sociais específicos (JEWITT, 2009).

Assim, em um evento comunicativo, o produtor de um texto tem a liberdade de escolher entre um ou outro modo de linguagem para determinada representação, de acordo com o efeito que pretende alcançar. Imagem, palavra, cor, gesto e diagramação se complementam, se contrapõem, se integram (ou não), sempre com o propósito de significar mais. Cada uma dessas linguagens pode ser utilizada de modo mais adequado para atingir certo propósito comunicativo e, quando combinadas, o potencial funcional é mais amplo. Xavier (2006) postula que o texto, enquanto prática comunicativa materializada, realiza-se por intermédio das múltiplas modalidades da linguagem, tais como a verbal (escrita e oral) e a não verbal (visual), daí o emprego do termo multimodal. Em outros termos, o texto não é construído apenas linguisticamente por meio da escrita ou da fala. Pelo contrário, ele pode materializar-se por meio de linguagem escrita, oral e/ou imagética, bem como pela articulação/integração dessas modalidades.

Nesse sentido, pode-se considerar que o termo "multimodalidade" surge para contemplar a presença desses recursos diversos que constituem os gêneros textuais. A multimodalidade envolve a integração e a conjugação dos sentidos dos textos verbais e não verbais para a construção dos sentidos dos textos. Aqui, há um deslocamento da ideia de que os sentidos de um texto se encontram fundados no código linguístico (neste caso, no código alfabético). Há outros códigos semióticos em jogo, como ilustrações, cores, sons, movimentos, silêncios etc. Dessa forma, o texto é um evento comunicativo em que podem atuar várias linguagens (verbal, visual, sonora etc.).

Dionísio (2005; 2011) considera que a multimodalidade se refere às mais distintas formas e modos de representação utilizados na construção linguística de determinada mensagem, tais como palavras, imagens cores, formatos, marcas/traços tipográficos, disposição da grafia, gestos, padrões de entonação, olhares etc. Abrange, portanto, a escrita, a fala e a imagem. Esses distintos modos de construir um texto acarretam modificações substanciais na forma como as pessoas elaboram o sentido e a significação, transcendendo a primazia dada à palavra. A multimodalidade propicia, então, o surgimento de múltiplos e diversificados recursos de construção de sentido.

Construção de sentido: Os textos se materializam em formas de representação multimodal (linguagem alfabética, disposição gráfica na página ou na tela, cor, imagem, figura etc.) que se integram na construção do sentido. Nesse sentido, a noção de multiletramento ultrapassa a dimensão da escrita alfabética, em que a primazia era a do texto verbal, veiculado na modalidade escrita.

Nessa perspectiva, as práticas de leitura que contemplam a articulação dos textos verbais e não verbais em sala de aula se constituem como uma estratégia para a ampliação dos multiletramentos, procurando tornar mais evidentes as possibilidades de transformação social, em sentido amplo, e de práticas escolares, em sentido particular, associadas à emergência dos letramentos digitais. Também pretende sugerir caminhos e estratégias para a formação de leitores cidadãos críticos.

7.2 LEITURA E ESCRITA COMO PRÁTICAS MULTIMODAIS

Segundo Kenner (2004 apud JEWITT, 2005), leitura e escrita são e sempre foram multimodais, uma vez que requerem o conhecimento e a interpretação de marcas visuais, espaço, cor, fonte ou estilo, imagem e, cada vez mais, de outros modos de representação e comunicação. Em um texto multimodal, a combinação de diferentes modos possibilita ao leitor diferentes entradas ou percursos para a construção do sentido, permitindo múltiplas leituras de um mesmo texto. A leitura é, então, concebida a partir da relação visual-verbal no âmbito dos novos letramentos, que requerem cada vez mais a habilidade de o aluno reconhecer a utilização de elementos gráficos (não verbais) como apoio para a construção do sentido e de interpretar textos que utilizam a linguagem verbal e a não verbal. Em uma perspectiva multimodal, o ato de ler é uma atividade que exige atenção para o uso de imagens, sons, gestos, animações e cores, que influenciam as maneiras de agir, expressar, pensar, sentir, desejar e comportar-se (TAKAKI, 2012) – muito diferentes da leitura de textos que circulavam anteriormente. Essa questão torna-se mais significativa ao se considerar o contexto dos textos digitais, que circulam atualmente na sociedade da informação.

Lemke (2002) enfatiza que o diálogo se efetiva não apenas entre os discursos e as vozes sociais expressas verbalmente, mas entre signos e discursos de qualquer natureza (visuais, sonoros, musicais etc.). Para o autor, tanto a linguagem verbal quanto a representação visual coevoluíram cultural e historicamente, de modo que uma complementa a outra. No cotidiano social, na prática da significação, essas modalidades estão inseparavelmente integradas na maioria das situações. Para Barros (2009), a escrita é tão somente uma das modalidades de representação. Estas, por sua vez, são culturalmente determinadas e constantemente redefinidas no interior dos grupos sociais em que estão inseridas. Assim, o ato de ler não deve estar centralizado apenas

> Multiletramentos:
> Multiletramentos são como práticas de trato com os textos multimodais ou multissemióticos contemporâneos – majoritariamente digitais, mas também impressos –, que incluem procedimentos (gestos para ler, por exemplo) e capacidades de leitura e produção que vão além da compreensão e da produção de textos escritos, pois incorporam a leitura e a (re)produção de imagens, fotos, diagramas, gráficos, infográficos, vídeos, áudio etc. (ROJO, 2013, p. 21).

na escrita, já que ela constitui-se como elemento representacional que coexiste com a presença de imagens e de diferentes tipos de informação.

O texto escrito, na sua essência, é multimodal, ou seja, composto de mais de um modo de representação. Numa página, por exemplo, além da linguagem escrita, outras formas de representação – como a diagramação, a qualidade do papel, o formato e a cor das letras, entre outros elementos – contribuem e interferem nos sentidos dos textos. A escrita, nessa perspectiva, constitui-se como um elemento representacional que coexiste com a presença de imagens e de diferentes tipos de informação, isto é, imagem, som e palavra funcionam em conjunto e contribuem para a produção de significados.

Gomes (2010) destaca a tendência atual de a imagem estar dividindo espaço com a palavra, em razão dos ambientes multimídias. Para o autor, alguns tipos de imagem, em certos contextos, podem ser mais esclarecedores que o texto escrito. Além disso, a combinação de texto escrito e imagem pode favorecer a construção de sentidos. A imagem possui um apelo emocional mais direto e, portanto, tem mais impacto que as palavras. O texto escrito exige mais racionalidade do leitor. Nesse sentido, é importante que haja uma descentralização da linguagem como favorecedora da construção de sentido e que sejam analisados os tênues limites entre os papéis da linguagem, da imagem, do suporte, do *layout*, do desenho dos diversos gêneros textuais/discursivos que circulam na sociedade da informação.

Texto escrito: Como exemplo, destacam-se os infográficos e as histórias em quadrinhos.

A relação entre linguagem verbal e não verbal pode ser efetivada por meio de relações diversas, como: ancoragem (o texto verbal apoia a imagem e tem a função de direcionar a leitura por meio de uma leitura da imagem, como nos anúncios publicitários de imóveis), ilustração (a imagem apoia o texto, tendo a função de esclarecê-lo expandindo a informação verbal, como nas reportagens de jornais) e *relay* (o texto verbal e a imagem se complementam, pois há uma integração entre eles, como nas histórias em quadrinhos). Nesse sentido, Dionísio argumenta que a compreensão dos significados é uma questão de letramento, sendo que "uma pessoa letrada deve ser uma pessoa capaz de atribuir sentido a mensagens oriundas de múltiplas fontes de linguagem" (DIONÍSIO, 2006, p. 131). Em síntese, o processo de letramento não se resume ao saber em relação ao texto verbal, pois está relacionado saber dos significados que resultam do encontro de vários modos de linguagem.

Histórias em quadrinhos: Para aprofundar essa questão, sugere-se a leitura de Gomes (2010).

Assim, o papel do professor no encaminhamento do trabalho com a leitura em sala de aula deve estar circunscrito à busca de uma análise dos vários modos de linguagem, ou seja, à consideração dos elementos verbais e não verbais presentes nos textos. Com isso, o ensino de leitura tem se tornado emblemático, pois novas demandas são impostas independentemente do suporte (impresso ou digital) em que esses textos circulam. Isso exige dos professores novos procedimentos no desenvolvimento das práticas leitoras em sala de aula e fora dela.

7.3 SITUAÇÕES QUE POSSIBILITAM O TRABALHO COM O TEXTO MULTIMODAL

O trabalho com leitura em sala de aula comporta a necessidade de contextualização do processo de recepção do texto, o que deve abranger: identificação e caracterização do gênero textual, suporte em que foi publicado, meios de divulgação, público-alvo, autoria (individual, institucional), objetivo comunicativo, estilo de linguagem, recursos verbais e não verbais. A proposta de análise, então, deve partir de uma contextualização do gênero textual, isto é, de elementos constitutivos, objetivos, comunicativos, estilo de linguagem verbal, imagens presentes, conteúdo temático veiculado pelo texto.

A seguir, são apresentadas análises de textos híbridos, ou seja, que conjugam linguagem verbal e linguagem não verbal.

Proposta 1: campanha educativa "Se beber, não dirija"

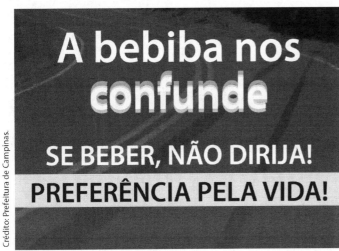

Crédito: Prefeitura de Campinas.

Suporte original: No suporte original, pode-se explorar o uso de cores, que também produz sentido. A cor amarela indica atenção. Na situação de trânsito, a vida deve ser prioridade.

Para melhor visualização da campanha educativa proposta para análise, recomenda-se o acesso ao suporte original.

O gênero em pauta está inserido no domínio do texto publicitário e é parte de campanha educativa. Uma campanha, tomada em uma dimensão ampla, tem como objetivo mostrar para as pessoas as consequências de um comportamento inadequado. Segundo Lacava, campanhas "servem também para transformar indiferença em motivação e a força da sociedade organizada em ferramenta de mudança, atingindo resultados que não seriam alcançados de outra forma" (2004, p. 155). A campanha tem de ser propositiva, ou seja, deve apresentar ou oferecer condições para a viabilização de um instrumento de solução, apontar caminhos alternativos práticos que sejam factíveis para as pessoas mobilizadas agirem, estimular a problematização e gerar a resolução do problema.

As campanhas direcionadas para a educação no trânsito têm o papel importante de mobilizar a sociedade para a adoção de estratégias e atitudes que melhorem a segurança e a qualidade de vida no trânsito. São oportunidades em que se deve repensar o estilo de vida, politizar as atitudes e o cotidiano. Elas devem ser pautadas em ações individuais e em suas relações com a cidadania.

Além disso, uma campanha educativa comporta diversos recursos linguísticos e não linguísticos que contribuem para a formação de um leitor proficiente. Nelas, há vários aspectos constituintes que merecem atenção por parte do leitor, tais como: uso de cores, formatos e tamanhos de letras, imagens, estruturas linguísticas, textos, objetivos da campanha, produtores, público-alvo, suportes de divulgação, discursos subliminares.

Soma-se a essas questões o fato de uma campanha comportar duas direções: análise denotativa (sentido literal) e análise conotativa (aspectos simbólicos) da mensagem linguística. A análise denotativa tem as seguintes subcategorias: título da campanha, enunciado, autoria da sugestão, fonte. A análise conotativa, por sua vez, tem como subcategorias: formato da campanha, símbolo da campanha, linguagem corporal (expressão), traço (formas arredondadas/geométricas), ambiente, personagens, proporção (organização espacial dos elementos), plano (distância entre a imagem e o observador, enquadramento), cores, formatos e tamanhos de letras. Assim, pode-se dizer que uma análise de campanhas educativas deve estar pautada em critérios linguísticos, discursivos e semióticos.

Atividade 1: análise do gênero campanha educativa

a) Levante as características composicionais do texto em pauta: descreva os elementos que compõem o texto, a forma de apresentação desses elementos, o texto verbal etc.

b) Discuta sobre sua função social: para que esse texto foi escrito?

c) Em que suporte esse tipo de texto normalmente é publicado?

Atividade 2: análise da linguagem verbal

O texto é constituído de três enunciados, que exploram recursos diversos.

a) Leia o trecho: "A bebida nos confunde". A utilização do termo "a bebida" é delimitada pelo contexto. Qual é o sentido assumido pelo termo "bebida"? O pronome "nos" faz referência a quem? Que efeito de sentido isso provoca? Qual a intenção de se colocar a palavra "confunde" de forma difusa (disforme e meio translúcida)?

b) Leia a frase: "Se beber, não dirija!". O emprego do "se" evidencia qual tipo de relação entre os elementos? A frase "Se beber, não dirija" pode ser considerada uma injunção. O que permite essa consideração?

c) A expressão "Preferência pela vida" faz alusão a outra frase presente no discurso sobre o trânsito. Qual é essa frase?

d) Por que os enunciados utilizados na campanha são curtos e objetivos?

e) Observe os três enunciados. Como são constituídos os enunciados (questionamento, afirmação, negação etc.)? Qual é o efeito de sentido dessa construção? O que se espera do leitor?

Atividade 3: análise da linguagem não verbal

Observe a imagem novamente:

a) Quais são os elementos que compõem a imagem?

Critérios linguísticos, discursivos e semióticos: As atividades elencadas são apenas uma proposta. Outros aspectos podem ser considerados. A intenção aqui foi apenas evidenciar as várias dimensões que uma leitura em uma perspectiva multimodal/multissemiótica pode contemplar.

b) A imagem presente na mensagem demonstra situações de risco no trânsito. O que se pode inferir a partir dessa estratégia utilizada pelo produtor?

Atividade 4: análise da conjugação entre linguagem verbal e não verbal

a) Qual é o tipo de confusão que se pode depreender do texto?

b) Qual é o enunciado que resume o sentido geral da campanha?

c) O que se pode inferir a partir da expressão "Preferência pela vida"?

Como se pode observar, tanto os aspectos relacionados ao texto verbal como aqueles relacionados à linguagem não verbal podem fazer parte de um trabalho sistematizado em sala de aula para o ensino de Língua Portuguesa.

Proposta 2: charge

A charge é um gênero textual presente em jornais, revistas, livros, internet etc. Ela aborda, de forma crítica e bem-humorada, questões sociais, políticas, ideológicas, esportivas etc. Possui um caráter temporal e a multimodalidade apresenta-se como sua característica constitutiva.

Charge 1:

Charge 2:

Atividade 1: análise preliminar das charges 1 e 2

a) Analise os elementos que compõem as charges: características composicionais do texto em pauta, materiais presentes no cenário, presença da linguagem verbal, supostos locais em que as cenas ocorreram.

b) Discuta sobre sua função social: os textos possuem o mesmo objetivo comunicativo? Justifique.

c) Os textos possuem um mesmo público-alvo?

d) Em que suporte esse tipo de texto geralmente é publicado?

Charges 1 e 2: A comparação de textos é uma estratégia metodológica importante para explorar a habilidade de se fazer associações entre informações.

Atividade 2: análise da linguagem verbal

A charge 1 é constituída de enunciados intencionalmente selecionados.

a) O que caracteriza a linguagem dos mosquitos? Geralmente, que grupo social utiliza esse tipo de linguagem? Qual é o efeito de sentido produzido a partir da escolha desse tipo de linguagem?

b) Qual é a intenção de se repetir fonemas nas palavras "acreditááá", "rapááá" e "mulééque"?

c) O emprego de "tu", "num", "escurão", "peguei" e "mó" evidencia uma escolha linguística. O que essa escolha representa? Qual parece ser o grau de intimidade entre os personagens? Qual a situação comunicativa em que o diálogo se estabelece?

A charge 2 apresenta uma linguagem objetiva e clara.

a) O uso da palavra "epidemia" evidencia uma ideia de quantificação. Como se pode chegar a essa conclusão?

b) Qual seria a função das reticências nesse contexto?

c) O emprego da expressão "de irresponsabilidade" expressa uma crítica. Que crítica seria essa?

Atividade 3: análise da linguagem não verbal

Observe as charges 1 e 2.

a) Quais são os elementos que compõem as imagens?

b) As imagens apresentam dois mosquitos que dialogam. Que elementos presentes nas imagens evidenciam diferenças de objetivos comunicativos entre as charges?

Atividade 4: análise da conjugação entre linguagem verbal e não verbal

a) Ao verificar os ambientes em que acontecem os fatos e os textos das charges, é possível dizer que os elementos não verbais contribuem para os sentidos produzidos?

b) Qual é a palavra-chave que resume o conteúdo da charge 2?

c) A charge 1 apresenta características de intertextualidade, ou seja, foi baseada em uma notícia. Qual seria o conteúdo dessa notícia?

Proposta 3: poema concreto

Outro exemplo de gêneros multimodais são os poemas concretos. O poema concreto ou poesia visual surgiu a partir de 1950 como um contraponto à poesia tradicional. Tem como característica abolir os versos tradicionais e explorar uma linguagem sintética, o espaço em branco, os recursos tipográficos, a construção e a desconstrução de vocábulos, visando produzir determinado efeito de sentido. Trata-se de um poema para ser visto e lido, considerando-se a multimodalidade que o constitui.

Capítulo 7 Multimodalidade, leitura e escrita: novas práticas de letramento **121**

```
ra terra ter
rat erra ter
rate rra ter
rater ra ter
raterr a ter
raterra   terr
araterra   ter
raraterra   te
rraraterra   t
erraraterra
terraraterra
```

Fonte: Pignatari, Terra (1953) in Aguilar, 2005.

A partir da observação e da leitura do poema de Décio Pignatari, sugere-se as seguintes perguntas:

1. Observe a disposição gráfica do poema na página. Essa disposição parece sugerir o quê?

2. Reflita sobre as questões agrárias no país. É possível relacionar tal questão à disposição espacial do poema na página?

3. Localize, no texto, vocábulos/palavras que o compõem. Separe-os em duas colunas: verbos e nomes.

4. Observe no canto superior direito a repetição do verbo "ter". O que isso sugere?

5. Encontre, no texto, algumas frases. O que é possível concluir a partir das sentenças?

6. Produza um comentário emitindo sua opinião sobre as questões da terra e a reforma agrária no país. O texto deve ser publicado na página da turma.

> **Publicado na página da turma:** Em um poema concreto, é preciso observar a disposição gráfica do texto na página. Nesse sentido, a sugestão apresentada pode ser adaptada para a leitura de outros poemas que utilizem o mesmo estilo. Recomenda-se ainda a inserção de questões específicas para a leitura literária de poemas.

Proposta 4: infográfico

O infográfico é um gênero textual que alia recursos visuais, como desenho, fotografia, tabela, a textos verbais curtos. Trata-se de um gênero textual híbrido. Alguns infográficos acompanham reportagens, outros são publicados independentemente do texto verbal.

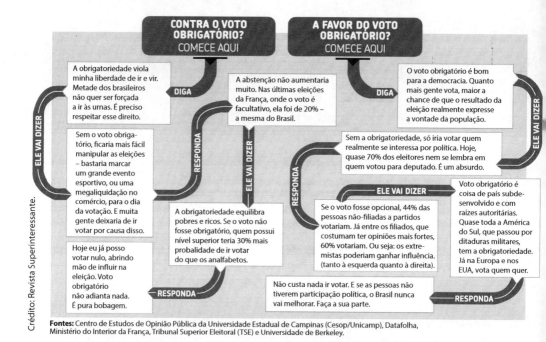

Esse infográfico discute a questão da obrigatoriedade do voto. Com ele, o professor pode explorar as estratégias argumentativas, os argumentos favoráveis e contrários à exigência de participação em processos eleitorais. Permite ainda trabalhar com a estratégia da refutação, essencial ao desenvolvimento da argumentação, os diferentes usos da linguagem.

As propostas apresentadas são possibilidades para trabalho com textos multimodais nas aulas de leitura. Como se pode notar, a produção dos sentidos se instaura a partir da combinação dos elementos de ordem verbal e não verbal.

PARA FINALIZAR

Neste capítulo, procurou-se discutir o conceito de multimodalidade relacionando-o ao contexto atual em que a globalização e as tecnologias possibilitam não só a desterritorialização do espaço como também a difusão de informações. Essas informações estão disponíveis com um clique. Logo, é necessário que o professor forme leitores e produtores de textos competentes e que não se percam nesse emaranhado de conhecimentos disponíveis.

A multimodalidade, característica constitutiva dos textos, alcança uma relevância nesse cenário, uma vez que a articulação das várias linguagens/semioses possibilita ao leitor apropriar-se de competências leitoras relacionadas aos gêneros multimodais. Buscou-se apresentar também algumas possibilidades de leitura de textos multissemióticos com a intenção de evidenciar a integração dos diferentes recursos para o processo de produção dos sentidos. A exploração desses recursos no processo de encaminhamento da leitura em sala de aula pode favorecer a formação de leitores proficientes, com habilidades e competências necessárias para atender às demandas da sociedade da informação.

REFERÊNCIAS BIBLIOGRÁFICAS

AGUILAR, G. M. **Poesia concreta brasileira**: as vanguardas na encruzilhada modernista. São Paulo: Edusp, 2005.

BAKHTIN, M. **Estética da criação verbal**. 4. ed. São Paulo. Martins Fontes, 2003.

BARROS, C. G. P. de. Capacidades de leitura de textos multimodais. **Revista Polifonia**, Cuiabá, n. 19, p. 161-186, 2009. Disponível em: <http://cpd1.ufmt.br/meel/arquivos/artigos/341.pdf>. Acesso em: 1 abr. 2015.

DIONÍSIO, A. P. Gêneros textuais e multimodalidade. In: KARWOSKI, A. M.; GAYDECZKA, B.; BRITO, K. S. (Org.). **Gêneros textuais:** reflexões e ensino. São Paulo: Parábola Editorial, 2011.

_____. Multimodalidade discursiva na atividade oral e escrita (atividades). In: MARCUSCHI, L. A.; DIONÍSIO, A. P. (Org.). **Fala e escrita**. Belo Horizonte: Autêntica, 2005.

GOMES, L. F. **Hipertextos multimodais:** leitura e escrita na era digital. Jundiaí: Paco Editorial, 2010.

JEWITT, C. Multimodality, "Reading", and "Writing" for the 21st Century. **Discourse: Studies in the Cultural Politics of Education**, v. 26, n. 3, p. 315-331, set. 2005.

_____. Multimodality. In: MODE. Glossary of Multimodal Terms. 2012. Disponível em: <https://multimodalityglossary.wordpress.com/multimodality/>. Acesso em: 11 abr. 2015.

_____. (Ed.) **The Routledge Handbook of Multimodal Analysis**. London: Routledge, 2009.

KRESS, G. **Multimodality:** a Social Semiotic Approach to Communication. London: Routledge, 2010.

KRESS, G.; VAN LEEUWEN, T. **Reading Images:** the Grammar of Visual Design. London: Routledge, 1996.

_____. **Multimodal Discourse:** the Modes and Media of Contemporary communication. London: Arnold, 2001.

LACAVA, U. Campanhas de mobilização. In: WWF; IEB. **Manual de comunicação e meio ambiente**. São Paulo: Peirópolis, 2004.

LEMKE, J. L. Travels in Hypermodality. **Visual Communication**, London, v. 1, n. 3, p. 299-325, 2002.

MARCUSCHI, L. A. **Da fala para a escrita:** atividades de retextualização. São Paulo, Cortez, 2001.

ROJO, R. **Cenários futuros para as escolas.** São Paulo: Fundação Telefônica, 2013 (Cadernos Educação no Século XXI - Multiletramentos, v. 3).

XAVIER, A. C. **Como se faz um texto:** a construção da dissertação argumentativa. Catanduva: Rêspel, 2006.

TAKAKI, N. H. **Letramentos na sociedade digital:** navegar é e não é preciso. São Paulo: Paco Editorial, 2012.

SANTAELLA, L. Da cultura das mídias à cibercultura: o advento do pós-humano. **Revista FAMECOS**, Porto Alegre, n. 22, dez. 2003.

8

O ensino de Língua Portuguesa em uma abordagem dos gêneros do discurso

Luciana Soares da Silva

8.1 CONSIDERAÇÕES INICIAIS

Quando se falava de ensino de Língua Portuguesa, não era difícil vir à cabeça um arcabouço de regras gramaticais, uma série de atividades de fixação e de reprodução dos conteúdos abordados. Esse enfoque baseava-se não só em uma concepção de língua como também em aspectos centrais do ensino, no que diz respeito ao papel do aluno e do professor e ao conteúdo a ser trabalhado. A prática pedagógica primava pela transmissão do conhecimento, de modo que o aluno devia "devolver" ao professor o conteúdo ensinado. A língua era idealizada e vista como estática. Pensava-se em um jeito correto de falar e de escrever, e todas as manifestações que saíssem do padrão eram sumariamente condenadas. Provavelmente, o problema maior que aparecia nessa perspectiva era o de restringir o ensino a situações em que não era contemplado o uso da língua.

Apesar de ainda existirem algumas práticas de ensino herdeiras de um modelo de reprodução de conteúdo, são inegáveis os avanços percebidos nas discussões sobre ensino de Língua Portuguesa. O professor tem adotado novas práticas e incorporado uma nova concepção de linguagem. Os estudos linguísticos atuais têm contribuído para uma crescente preocupação em relacionar linguagem e sociedade, de modo a encarar àquela como prática social. E é nesse âmbito que está enquadrada a proposta deste capítulo, que visa a mostrar que não é possível realizar uma análise linguística sem abordar os aspectos sociais inerentes à linguagem.

Conforme Lerner (2002), a escola tem como desafio incorporar todos os alunos à cultura escrita, fazendo-os se apropriem

> **Cultura escrita:** A partir da perspectiva antropológica que considera cultura como toda e qualquer produção material e simbólica, pode-se definir *cultura escrita* como o lugar – simbólico e material – que o escrito ocupa em certo grupo social, comunidade ou sociedade.

dela. Nesse sentido, a escola almeja formar praticantes da leitura e da escrita que saibam recorrer a elas quando necessário. Além de conseguir que os alunos sejam produtores de escrita e manejem diferentes escritos que circulam na sociedade. Freire contribui para essa discussão, afirmando:

> *A leitura do mundo precede a leitura da palavra, daí que a posterior leitura desta não possa prescindir da continuidade da leitura daquele. Linguagem e realidade se prendem dinamicamente. A compreensão do texto a ser alcançada por sua leitura crítica implica a percepção das relações entre o texto e o contexto. (1988, p. 11-12)*

Assim, a leitura caracteriza-se por ser uma experiência individual e também social, a qual não depende apenas da decodificação de letras em sons como também de construção de sentidos pelos sujeitos. A leitura e a escrita são importantes não só na escola; também o são no meio social para garantir a formação de cidadãos como seres agentes e pensantes da sua própria história. A prioridade é que a escola forme pessoas que compreendam, critiquem e transformem a partir das práticas de leitura e escrita.

A fim de contribuir para que haja de fato a inserção dos alunos na cultura escrita, propõe-se a abordagem dos gêneros do discurso na prática pedagógica, de modo a evidenciar a prática social da língua.

8.2 O GÊNERO COMO CONCEITO

Bakhtin (2003), certamente, é a maior referência quando se trata do estudo de gêneros. Seus estudos partem da crítica ao esquema de comunicação que desconsidera a língua em uso, de modo a colocar, de um lado, o processo ativo no falante e, de outro, os processos passivos de recepção e compreensão do discurso no ouvinte. O autor combate essa ideia dizendo que existe uma compreensão ativamente responsiva do ouvinte que também se torna falante. Isso significa que não se pode ignorar que ambos os sujeitos tomam parte no processo discursivo.

Esquema de comunicação: O emissor (aquele que fala) transmite uma mensagem ao destinatário (aquele que recebe), por meio de um código e um canal, a partir de um referente.

A abordagem de Bakhtin (2003) inova por partir das práticas comunicativas reais e concretas de sujeitos nas diversas esferas da atividade humana e da comunicação. Como princípio, compreende-se que o enunciado (oral ou escrito) é inserido dentro de uma esfera, a fim de promover a interação entre os sujeitos. Entende-se por *esfera* a forma de organização e distribuição do

Capítulo 8 O ensino de Língua Portuguesa em uma abordagem dos gêneros do discurso **127**

papel e do lugar social nas situações em que é produzido o discurso. Por exemplo, há a esfera cotidiana, a esfera política, a esfera jornalística etc. É por meio dela que é determinado o que se pode ou não dizer e qual a relação estabelecida entre os interlocutores. A esfera é discursiva, porque contempla o enunciado e a prática social da linguagem.

O emprego da língua ocorre, portanto, por meio de enunciados (orais e escritos), os quais são compostos de conteúdo temático (o que se pode falar), estilo (como se pode falar) e construção composicional (qual a estrutura), conforme certo campo da atividade humana. De acordo com Bakhtin, embora cada enunciado seja particular, há uma elaboração de "tipos relativamente estáveis de enunciados" (2003, p. 262) em cada campo de utilização da língua, o que caracteriza a concepção de gêneros do discurso.

Assim, o falante escolhe certo gênero de discurso dentro da esfera discursiva, conforme as características desta, a temática, a situação concreta de comunicação discursiva, sua composição pessoal e dos participantes etc. Por exemplo, em uma situação cotidiana de comunicação, na qual uma mulher, no papel de filha, tem de enviar uma mensagem para outra mulher, sua mãe, a escolha adequada é o bilhete, graças a seu caráter informal, reconhecida pela relação de intimidade entre os sujeitos envolvidos (mãe e filha) e pela adequação a essa esfera discursiva. Contudo, se a mesma mulher sai dessa esfera discursiva cotidiana e se insere em uma esfera discursiva profissional, passa a exercer um papel de empregada e sua interlocutora, de chefe, ou vice-versa. Logo, a seleção do gênero deve se adequar a essa esfera, de modo a promover a escolha do memorando. No primeiro caso, o gênero bilhete é classificado por Bakhtin (2003) como gênero primário, dado sua composição simples e inserção no cotidiano; ao passo que o gênero memorando é classificado como um gênero secundário, graças a sua composição mais complexa em um âmbito mais organizado e institucional.

Maingueneau, por sua vez, dentro da perspectiva da Análise do Discurso de linha francesa, caracteriza gêneros do discurso como "dispositivos de comunicação" (2002, p. 61), de modo que o gênero só pode aparecer mediante determinadas condições sócio-históricas, a fim de promover a interação entre os sujeitos. Desse modo, a aula só pode ocorrer porque existe o sistema de ensino construído no decorrer do tempo, no qual é estabelecida a relação entre aluno e professor. Assim, os gêneros provêm de práticas comunicativas construídas socialmente.

Outros autores também discutem a concepção de gêneros. Alguns deles, em vez de qualificarem o gênero como discursivo ou do discurso, resolveram qualificá-lo como textuais. A diferença da nomenclatura pauta-se na perspectiva teórica tomada pelo estudioso sobre esses "tipos relativamente estáveis de enunciado". Há aqueles que privilegiam a estrutura textual como materialidade linguística para se fundamentar e há outros que só tomam essa materialidade linguística dentro de uma esfera discursiva, de modo a privilegiar o texto em sua prática social.

Marcuschi (2005) sublinha que os gêneros provêm de práticas comunicativas construídas socialmente, por isso têm de ser compreendidos pelo grupo, o que fazem deles "relativamente estáveis". Tal esclarecimento direciona à visão de que é fundamental, para o desenvolvimento do trabalho em sala de aula, a consciência do professor do gênero como ação sociodiscursiva, para que assim possa explorá-lo e diferenciá-lo dos tipos de texto, enquadrando-o no contexto sócio-histórico estabelecido na sociedade. Muitas vezes, o apego ao trabalho com os tipos de texto impossibilita o real desenvolvimento da habilidade de produção e compreensão de textos, porque não se liga à vida do aluno. Não existe prática comunicativa a não ser por meio dos gêneros, sendo imprescindível o trabalho pedagógico voltado para a realidade.

> **Tipos de texto:** Tradicionalmente, as escolas trabalham os textos narrativos, descritivos e dissertativos. A introdução do estudo dos gêneros na discussão sobre o ensino de Língua Portuguesa favoreceu a abordagem desses tipos de texto nos gêneros. Dessa forma, passou-se a pensar em sequências textuais descritivas, narrativas e dissertativas dentro dos gêneros.

Observa-se, a seguir, como essa concepção de gêneros pode contribuir para a prática pedagógica.

8.3 PENSAR OS GÊNEROS NO ENSINO

As discussões em torno do ensino de Língua Portuguesa ganharam força a partir da publicação dos Parâmetros Curriculares Nacionais (PCN), principalmente quando versa sobre a importância da focalização nos gêneros. Tal documento procura apresentar uma proposta nova ao ensino da língua materna, tendo em vista as distorções que persistiram por muito tempo em seu desenvolvimento. Segundo o material, as questões que envolvem o ensino, desde a década de 1970, vinham provocando fortes discussões diante da dificuldade apresentada no processo de alfabetização e no uso apropriado da norma-padrão pelos alunos. Em 1980, houve uma crítica mais consistente quanto ao ensino tradicional, sobretudo aquela oferecida pelo conjunto de pesquisas na área, do qual foram percebidos a desconsideração da realidade dos alunos, o excesso de valorização da gramática em detrimento do texto e a produção textual para efeito de correção.

Em uma mudança de perspectiva, ocasionada especialmente pelos avanços dos estudos linguísticos, os PCN baseiam-se no uso da linguagem como objetivo do ensino da língua, entendendo que é por meio da linguagem que se dá a interação. Desse modo, expõem que a "língua é um sistema de signos específicos, histórico e social, que possibilita a homens e mulheres significar o mundo e a sociedade" (BRASIL, 1998, p. 20).

Aqui, pretende-se chamar a atenção para alguns aspectos centrais que essa mudança de perspectiva de ensino de Língua Portuguesa provoca. O conceito de língua é reformulado e ela passa a ser vista como um produto sócio-histórico e não mais como mero meio de comunicação. Esse novo conceito não só muda o olhar sobre o conteúdo a ser ensinado como também ressignifica os lugares que ocupam os sujeitos no processo de ensino e de aprendizagem. A linguagem, abordada como forma de interação, propicia que alunos e professores sejam vistos como sujeitos ativos no estudo da língua e não como reprodutores de sentenças ideais. Isso implica conceber sobremaneira o aluno como um sujeito que exerce papéis sociais e interage em diversas esferas discursivas, por meio de gêneros do discurso, e não apenas na esfera escolar.

A seguir, um exemplo:

Figura 8.1 – *Campanha do bombom Serenata de Amor.*

Diante desse *anúncio publicitário*, o aluno é inserido na esfera discursiva publicitária e passa a assumir o papel de leitor desse gênero, tendo contato com o propósito comunicativo da venda de um produto. Nesse ponto, o aluno interage com o gênero e com o produtor desse anúncio, que o imagina como leitor-consumidor. Essa ação só pode acontecer graças à inserção desse aluno nas práticas sociais da linguagem.

O processo de ensino e de aprendizagem da Língua Portuguesa, portanto, acontece pela interação entre o sujeito da ação de aprender (aluno), o objeto de conhecimento (língua) e a prática educacional do professor. É importante considerar que a abordagem do gênero do discurso faz que a língua seja vista dentro da sua prática e é o próprio gênero que define os papéis a serem desempenhados. Nesse sentido, o ensino de Língua Portuguesa deve ater-se a essa interação, de modo a propiciar oportunidades de o aluno desenvolver melhor seu papel dentro de cada gênero.

Como leitor de anúncio publicitário, o aluno pode ser orientado a perceber as nuances argumentativas que visam à persuasão do consumidor. No anúncio, o produto (chocolate) é colocado como a solução para o mau humor ocasionado pela raiva do namorado e tenta promover essa persuasão por meio da aproximação do produto com um sentimento do leitor. Com isso, o aluno, além de perceber sua posição como leitor, pode colocar-se no lugar daquele que produz. Ao entender os papéis, ele produz esse gênero.

Dessa maneira, os gêneros constituem-se como unidade básica do ensino, no que tange às diversas esferas discursivas e às modalidades oral e escrita. Isso faz que no centro dos conteúdos esteja a diversidade de gêneros. Essas alterações nos fatores internos, os quais dizem respeito à própria disciplina, com relação a seu conteúdo e a seu objetivo, é um passo fundamental. Ao se acreditar que a melhor maneira de trabalhar em sala de aula é partindo da prática social, o enfoque dos gêneros traz a possibilidade de estudar a língua em uso, não se limitando aos prescritos da gramática. A proposta é que ocorra a escuta/leitura de textos, que se produzam textos e que se faça a análise linguística.

Entretanto, de nada vale a mudança do foco e do conteúdo se não forem reconhecidos os principais participantes do processo de ensino e de aprendizagem – professor e aluno – como sujeitos desse processo. O papel ativo de cada um promove o aprimoramento do conhecimento da língua, sobretudo porque se pressupõe a interação dos sujeitos dentro da situação comunicativa. Tal procedimento visa ao desenvolvimento da competência discursiva, da qual fazem parte a competência linguística e a textual, por meio da interação com o objeto de ensino, entendido como conhecimento linguístico e discursivo presente na prática social. Por essa razão, propõe-se três aspectos essenciais para o ensino de Língua Portuguesa a partir dos gêneros: tomar a esfera discursiva como ponto de partida; colocar o aluno como sujeito no processo comunicativo e promover a produção textual nos âmbitos oral e escrito. Para exemplificar isso, apresenta-se a esfera discursiva jornalística.

8.4 SEQUÊNCIA DIDÁTICA

O ensino de Língua Portuguesa pautou-se por muito tempo no trabalho com os "bons autores", privilegiando o gênero literário em detrimento de outros. O uso do jornal em sala de aula proporciona a abordagem dialética de leitura e escrita, já que parte da leitura crítica e chega à redação de textos. A fim de promover tal reflexão, propõe-se uma *sequência didática* que abrange a esfera discursiva jornalística.

Conforme Dolz, Noverraz e Schneuwly (2004), a sequência didática caracteriza-se por um conjunto de atividades escolares, organizadas de forma sistemática, com o objetivo voltado para certo gênero oral ou escrito. Ela inicia com a *apresentação da situação*, na qual ocorre a descrição do gênero (oral ou escrito) a ser abordado. Em seguida, ocorre a *primeira produção*, da qual se pode apreender o que os alunos sabem a respeito do gênero. A partir do diagnóstico da primeira produção, são produzidos *módulos* nos quais são trabalhadas atividades que promovam o desenvolvimento das particularidades do gênero de modo sistemático. Por fim, elabora-se a *produção final* na qual o aluno pode pôr em prática os conhecimentos adquiridos.

A esfera discursiva jornalística abarca uma série de gêneros que podem ser utilizados em sala de aula, como o artigo de opinião, o editorial, a reportagem. Propõe-se aqui a formação de uma sequência baseada no estudo do gênero notícia, a partir de algumas características propostas por Maingueneau (2002).

Produção inicial

De início, é necessária uma apresentação da notícia, a partir do levantamento do conhecimento prévio dos alunos acerca desse gênero. Como dito, os alunos estão envolvidos em práticas sociais da linguagem, logo, a notícia perpassa seu cotidiano. Mesmo que não se tenha uma leitura sistemática de jornais impressos, a notícia adentra a vida dos alunos por diversos suportes, como o digital, o televisivo etc. A primeira produção dos alunos desse gênero propicia um diagnóstico de seus conhecimentos.

Enunciador: Maingueneau (2002) usa os termos enunciador e coenunciador para referir-se a cada um dos parceiros no discurso (quem enuncia e quem recebe). Já o termo coenunciadores refere-se a ambos.

Módulo 1

Neste primeiro módulo, o objetivo é começar a inserir o aluno na esfera discursiva jornalística, por meio da reflexão sobre a finalidade do gênero e do reconhecimento dos papéis que são assumidos pelo enunciador (produtor do texto) e pelo coenunciador (leitor). Para isso, é necessário selecionar uma notícia e explorá-la passo a passo nos módulos, a fim de aprofundar suas características. A seguir, apresenta-se um exemplo de como seria essa reflexão.

Exemplo: *Esfera discursiva:* jornalística. *Propósito comunicativo:* informar sobre a fome na África. *Gênero do discurso:* notícia. *Suporte material:* jornal *Folha de S.Paulo.*

Figura 8.2 – Manchete da Folha de S.Paulo em 21 de julho de 2011.

As perguntas que precisam ser feitas neste momento são: o que se pretende com esse gênero? Qual sua função? Quem são os sujeitos envolvidos? A reflexão do professor junto aos alunos deve ser exploratória, de modo a levantar o propósito comunicativo e perceber como se constituem produtor e leitor do texto.

Assim, pode-se identificar a esfera discursiva jornalística, isto é, verifica-se a atividade social que tem por objetivo transformar o acontecimento (declaração da ONU) em informação a ser transmitida a determinados coenunciadores (leitores do jornal), e isso é feito a partir de certo dispositivo de comunicação, no caso, o gênero notícia. Esse propósito comunicativo estabelece

Capítulo 8 O ensino de Língua Portuguesa em uma abordagem dos gêneros do discurso **133**

relação entre os interlocutores: por um lado, há os sujeitos que tomam o papel de produtores da notícia e, por outro, há aqueles que tomam o papel de leitores dessa notícia.

A relação entre sujeitos (produtor e leitor do texto) perpassa a suposição de quem é seu interlocutor: quem escreve imagina quem será seu leitor, ao passo que o leitor também constrói uma imagem daquele que produziu o texto. Isso resulta em uma opção pelo nível de linguagem, na qual se reconhece a predominância do registro formal da língua, bem como uma opção pela apresentação de dados, trechos de declarações dos membros da ONU, a fim de favorecer a imagem de seriedade no tratamento da informação pelo jornal.

Módulo 2

Neste segundo módulo, a reflexão volta-se para o espaço e o momento predeterminados do gênero notícia. As perguntas aqui são: quando foi feita? Onde? Neste ponto, professor e alunos podem fazer um levantamento da periodicidade e da validade da notícia. Possíveis perguntas: a informação (declaração da ONU) apresentada na notícia, publicada no jornal em 21 de julho de 2011, ainda mantém seu propósito? O leitor do jornal assume seu papel mediante o contato com a notícia no dia de sua publicação? A discussão deve girar em torno da razão de o gênero se constituir em um espaço e tempo predeterminados; no caso da notícia, sua temporalidade pode ser de um dia, de uma semana, dependendo do suporte em que estiver inserido (jornal impresso, site, revista).

Importante dizer que a relação estabelecida entre os coenunciadores a partir do gênero insere-se em um contexto sócio-histórico. A temática da fome apresentada no texto revela um acontecimento com impacto social que é considerada, pelos produtores do texto, relevante para os leitores.

Módulo 3

Neste terceiro módulo, o objetivo é observar o suporte material e a organização textual. O professor pode promover com os alunos uma discussão acerca do suporte em que está o gênero. No caso, o jornal impresso é o suporte da notícia que usada como exemplo. Contudo, há possibilidade de a notícia estar em outros suportes. A ideia aqui é promover uma discussão sobre a influência do suporte no próprio gênero por meio de perguntas como: o fato de estar impresso marca que características? Em comparação a uma notícia na internet, quais as diferenças?

Quanto à organização textual, a discussão deve levar em conta as partes que estruturam o gênero analisado, investigando cada uma de modo a verificar sua constituição, como se vê a seguir:

Título principal: ONU declara surto de fome na África – *Almeja chamar a atenção do leitor para o texto.*

Linha fina: Alerta pretende sensibilizar países para que aumentem sua ajuda humanitária; focos da crise estão na Somália – *Almeja complementar o título principal.*

Olho: *Frases do texto colocadas em destaque com o objetivo de chamar a atenção do leitor para pontos considerados mais importantes.*

Lide (do inglês lead): A ONU declarou ontem situação de fome crítica em duas regiões do sul da Somália, no leste da África. A organização também advertiu que a situação pode se espalhar pelo país nos próximos meses, se a comunidade internacional não fizer doações para mitigar a crise – *Primeiro parágrafo do texto que sintetiza informações básicas sobre o acontecimento.*

Corpo da notícia: *Demais parágrafos do texto que detalham o acontecimento.*

Na discussão sobre a organização textual, é preciso ressaltar que a estrutura da notícia não é dada de modo aleatório. Ela foi construída dentro de um processo que constituiu um sistema em que há uma empresa como responsável por informar as demais pessoas. Essa condição sócio-histórica não apenas criou dispositivos de comunicação (gêneros do discurso) como também estabeleceu uma relação de consumo da informação. O jornal produz e vende notícia, ao passo que o leitor compra e lê notícia. Assim, o gênero é construído socialmente por meio da prática da linguagem.

Produção final

O trabalho nos módulos visa principalmente a consciência dos papéis que são exercidos na interação promovida pelos gêneros do discurso e das características que compõem o gênero selecionado (notícia) de maneira crítica. Por essa razão, a produção final deve considerar esses aspectos. Assim, pode-se propor aos alunos a elaboração de notícias a partir de situações reais, de modo a colocá-los no papel de produtor da notícia.

Tendo em vista essas contribuições, a importância dos gêneros na ação pedagógica caracteriza-se, sobretudo, por enfocar a linguagem como uma prática social. Ao abordar-se a esfera discursiva jornalística, é propiciada ao aluno a oportunidade de desenvolvimento de sua criticidade e suas habilidades na interação social, uma vez que, como visto anteriormente, as relações sociais dão-se por meio de gêneros.

Desse modo, o ensino a partir dos gêneros provoca uma reflexão sobre a prática pedagógica, pois leva o professor a entender que a interação social acontece por meio de gêneros dentro de certa realidade, não cabendo mais o enfoque tradicional dado apenas à tipologia restrita de textos (narrativo, descritivo e argumentativo).

PARA FINALIZAR

Ao final deste capítulo, cabem algumas considerações sobre o estudo aqui realizado. Primeiro, o estudo de gêneros nasce de uma abordagem da língua como produto histórico-social. Sendo assim, é deixada de lado uma visão que se isolava à palavra, passando, agora, a relevar o enunciado, na perspectiva de gênero do discurso. Segundo, o ensino de Língua Portuguesa não pode mais se restringir à gramática, uma vez que necessita trabalhar a linguagem como ação social e formar os alunos para a interação na sociedade. Esse trabalho deve ser desenvolvido em paralelo ao dos tipos textuais e da gramática, encarando sempre o texto como um processo que perpassa pelo contato com o gênero, pelo reconhecimento de suas características e pela sua produção. Terceiro, enfocar o gênero notícia dentro do domínio discursivo jornalístico possibilita aos alunos contato com uma produção que traz fatos da realidade e suscita a criticidade. Embora seja imprescindível a presença de textos literários de grandes autores na escola, não se pode menosprezar as produções atuais, as quais auxiliam sobremaneira no processo de ensino e de aprendizagem da língua materna.

Por fim, a prática pedagógica só será reformulada se houver o reconhecimento da língua como ação social. Enquanto os materiais didáticos e os professores tratarem a língua como "instância perfeita", enfatizando os estudos gramaticais em detrimento do texto, não serão possíveis avanços no ensino.

REFERÊNCIAS BIBLIOGRÁFICAS

BAKHTIN, M. Os gêneros do discurso. In: _____. **Estética da criação verbal**. 4. ed. São Paulo: Martins Fontes, 2003.

BRASIL. Ministério da Educação. Secretária de Educação Fundamental. **Parâmetros Curriculares Nacionais**: terceiro e quarto ciclos do Ensino Fundamental – Língua Portuguesa. Brasília, DF, 1998.

DOLZ, J.; NOVERRAZ, M.; SCHNEUWLY, B. Sequências didáticas para o oral e a escrita: apresentação de um procedimento. In: DOLZ, J.; SCHNEUWLY, B. **Gêneros orais e escritos na escola**. Campinas: Mercado de Letras, 2004.

FREIRE. P. **A importância do ato de ler em três artigos que se completam**. São Paulo: Cortez, 1988.

LERNER, D. **Ler e escrever na escola:** o real, o possível e o necessário. Porto Alegre: Artmed, 2002.

MAINGUENEAU, D. **Análise de textos de comunicação**. 2. ed. São Paulo: Cortez, 2002.

MARCUSCHI, L. A. Gêneros textuais: definição e funcionalidade. In: DIONÍSIO, A. P.; MACHADO, A. N.; BEZERRA, M. A. (Org.). **Gêneros textuais & ensino**. 4. ed. Rio de Janeiro: Lucerna, 2005.

9

Questões à parte: a diversidade em pauta

Rosângela Aparecida Ribeiro Carreira

9.1 QUESTÕES ÉTNICO-RACIAIS: UM TEMA TRANSVERSAL?

Mia Couto no artigo "Os sete sapatos sujos", presente na coletânea *E se Obama fosse africano?*, questiona a situação econômica de seu continente e faz uma análise intuitiva, expondo seus sentimentos, como cidadão africano. Ele traça diferenças entre Zâmbia e Moçambique, sua região de origem, compara a Singapura e Malásia e critica certa ideologia reinante, afirmando que "ter futuro custa muito dinheiro, mas é muito mais caro só ter passado" (COUTO, 2010, p. 26).

O autor inicia seu artigo com um questionamento, como se pode ver no trecho a seguir:

> *O que é que nos separa desse futuro que todos queremos? Alguns acreditam que o que falta são mais quadros, mais escolas, mais hospitais. Outros acreditam que precisamos de mais investidores, mais projectos económicos. Tudo isso é necessário, tudo é imprescindível. Mas para mim há uma outra coisa que é ainda mais importante. Essa coisa tem um nome: é uma nova atitude. Se não mudarmos de atitude não conquistaremos uma condição melhor. Poderemos ter mais técnicos, mais hospitais, mais escolas, mas não seremos construtores de futuro.*
>
> *Falo de uma nova atitude, mas a palavra deve ser pronunciada no plural, pois ela compõe vasto conjunto de posturas, crenças, conceitos e preconceitos. Há muito que venho defendendo que*

Mia Couto: Mia Couto, Antonio Emílio Leite Couto, autor moçambicano, nasceu em Beira, capital de Sofala, em 5 de julho de 1955. Escreve poesia, crônicas, contos, romances e artigos científicos na área de impacto ambiental por ter formação científica em biologia. Possui uma vasta produção literária por meio da qual foi agraciado com muitos prêmios relevantes, como o Camões, em 2013.

Trecho a seguir: Foi mantida a grafia do português moçambicano, conforme o original. Grifos nossos.

o maior fator de atraso em Moçambique não se localiza na economia, mas na incapacidade de gerarmos um pensamento produtivo, ousado e inovador. Um pensamento que não resulte da repetição de lugares-comuns, de fórmulas e de receitas já pensadas pelos outros.

Às vezes, pergunto-me: De onde vem a dificuldade em nos pensarmos como sujeitos da História? *Vem sobretudo de termos legado sempre aos outros o desenho da nossa própria identidade. Primeiro, os africanos foram negados. O seu território era a ausência, o seu tempo estava fora da História. Depois, os africanos foram estudados como um caso clínico. Agora, são ajudados a sobreviver no quintal da História.* (COUTO, 2010, p. 26-27)

Ainda que sua visão poética seja um tanto quanto eurocentrista e sua voz seja a de um africano letrado, bem-sucedido e famoso, negar sua africanidade por ser branco, seria o mesmo que negar nossa africanidade brasileira. Logo, seus argumentos têm duplo valor neste capítulo: ilustrar as facetas da africanidade com seus múltiplos olhares e lembrar da própria africanidade brasileira. Para isso, urge que se deixe de negar em sala de aula a existência de preconceitos, apesar da miscigenação e de se assumir que todos, como brasileiros formadores, também são sujeitos construtores da História em sala de aula.

É preciso que as relações étnico-raciais não sejam tratadas somente em papéis (documentos oficiais, livros didáticos e outros). Todas as facetas que as envolvem devem ser revertidas *em atitudes*.

Interessante notar que lentamente algumas ações isoladas, feitas por grupos engajados nas questões étnico-raciais, começam a despertar novos comportamentos. Nos últimos anos, os documentos oficiais vêm tratando o tema de forma mais precisa e mais adequada, mas também importa observar que tratar as questões étnico-raciais como se fossem uma disciplina escolar significa, paradoxalmente, delimitar algo abstrato para transformá-lo em ciência e prática, como se estivessem fora dos muros da escola ou como se fossem algo à parte, e não um elemento inerente às relações humanas.

O processo de ensino e aprendizagem pressupõe interação social e cultural. Seria um contrassenso imaginar que questões étnico-raciais não estariam envolvidas nesse processo. Ao se pensar nisso, quase sempre, vem à mente o preconceito racial. Entretanto, tais questões estão relacionadas a uma gama diversificada de aspectos que envolvem as relações étnicas e, os quais devem ser tratados pela escola como visão europeizada da africanidade e do negro, visão caricaturada da imagem do negro e de seus valores, aceitação da legitimidade das raízes africanas e suas religiões, e muitos outros, incluindo os preconceitos.

O grande desafio é justamente minimizar o espaço entre "o conteúdo" e a realidade, ou seja, naturalizar questões profundas, fugindo dos arquétipos e dos enquadramentos disciplinares. Ainda há um longo caminho a ser construído, contudo, para transformar-se, é preciso refletir, planejar e agir. Os documentos são resultado de ações políticas efetivas e sociais.

Os Parâmetros Curriculares Nacionais (PCN), por exemplo, elegeram como temas transversais *a ética, a saúde, o meio ambiente, a pluralidade cultural* e *a orientação sexual*. Foram eleitos por serem considerados elementos sociais que fazem parte de "problemáticas atuais e urgentes, consideradas de abrangência nacional e até mesmo de caráter universal" (BRASIL, 1997, p. 45). Consideraram os seguintes princípios e critérios, baseados na Constituição brasileira:

PRINCÍPIOS	CRITÉRIOS
Dignidade da pessoa humana	Urgência social
Igualdade humana	Abrangência nacional
Participação	Possibilidade de ensino e aprendizagem nas diferentes etapas de ensino.
Corresponsabilidade pela vida social	Favorecimento da compreensão da realidade e da participação social.

Adaptado de: BRASIL, 1997.

Esses elementos, unidos a discussões com diferentes vertentes de movimentos sociais, levaram à consolidação do documento *Orientações e ações para a educação das relações étnico-raciais*, que, *grosso modo*, delimitou espaço e direitos, abrindo fronteiras para discussões relevantes e idealizando ações conscientes. Tais orientações ainda não dão conta da amplitude do tema, mas são o resultado de políticas afirmativas em prol da maioria e da inclusão necessárias para que o respeito ao próximo e à diversidade sejam efetivamente atitudes presentes nas práticas pedagógicas de forma consciente.

Como tratar como transversal um tema que é inerente? Afinal, a diversidade é inerente a qualquer ambiente humano, podendo ou não ser em um local de ensino. Cada um de nós tem uma África idealizada dentro de si, (re)descobrir e redefinir, desmistificar e desmitificar esse continente interior é um processo ainda em construção do qual a escola esteve exilada por muito tempo, porque a sociedade brasileira não o discutia. Descobrir esse continente implica enfrentar preconceitos.

De fato, existem várias formas socioculturais de preconceito racial. O que há de mal conosco consiste no fato de que tomamos como paralelo o tipo de preconceito racial explícito, aberto e sistemático posto em prática nos Estados Unidos. Todavia, os especialistas já evidenciaram que existem vários tipos de preconceito, e pelo menos um sociólogo brasileiro, o prof. Oracy Nogueira, preocupou-se em caracterizar as diferenças existentes entre o preconceito racial sistemático, que ocorre nos Estados Unidos, e o preconceito dissimulado e assistemático, do tipo que se manifesta no Brasil. Já tentei, de minha parte, compreender geneticamente o nosso modo de ser. Segundo penso, o catolicismo criou um drama moral para os antigos senhores de escravos, pois a escravidão colidia com os "mores" cristãos. Surgiu daí a tendência a disfarçar a inobservância dos "mores", pela recusa sistemática do reconhecimento da existência de um preconceito que legitimava a própria escravidão. (FERNANDES, 2005-2006, p. 176)

Seguindo essa ideia, a educação no Brasil apresenta essa herança cristã, eurocentrista, que se manifesta explícita e, na maioria das vezes, implicitamente. O mesmo acontece com as comunidades indígenas, por exemplo. Ainda são dissimulados os preconceitos e estabilizados os conceitos, ou seja, muitas vezes a africanidade e a cultura indígena em geral apresentadas e discutidas nas escolas não ultrapassam o nível folclórico e idealizado, pois são mostrados, de forma estilizada, caricatural e superficial, lendas, cânticos, filmes e textos gerais relacionados à temática. Contudo, encarar a problemática que se manifesta discursivamente no cotidiano escolar é ainda utopia em algumas localidades, mas o problema deve ser abordado de forma clara em prol do desenvolvimento educacional.

Em entrevista à revista *Fórum*, intitulada "Nosso racismo é um crime perfeito", o professor e antropólogo Kabengele Munanga, estudioso e defensor das relações étnico-raciais no Brasil, reafirma que um país democrático é aquele que reflete sua diversidade nas relações de poder. A seguir, são apresentados alguns trechos considerados relevantes para o ensino de um modo geral.

Fórum – O senhor toca na questão do imaginário da democracia racial, mas as pessoas são formadas para aceitarem esse mito...

Kabengele – O racismo é uma ideologia. A ideologia só pode ser reproduzida se as próprias vítimas aceitam, a introjetam, naturalizam essa ideologia. Além das próprias vítimas, outros cidadãos também, que discriminam e acham que são superiores aos outros, que têm direito de ocupar os melhores lugares na sociedade. Se não reunir essas duas condições, o racismo não pode ser reproduzido como ideologia, mas toda educação que nós recebemos é para poder reproduzi-la.

Há negros que introduziram isso, que alienaram sua humanidade, que acham que são mesmo inferiores e o branco tem todo o direito de ocupar os postos de comando. Como também tem os brancos que introjetaram isso e acham mesmo que são superiores por natureza. Mas para você lutar contra essa ideia não bastam as leis, que são repressivas, só vão punir. Tem que educar também. A educação é um instrumento muito importante de mudança de mentalidade e o brasileiro foi educado para não assumir seus preconceitos. *O Florestan Fernandes dizia que um dos problemas dos brasileiros é o "preconceito de ter preconceito de ter preconceito". O brasileiro nunca vai aceitar que é preconceituoso. Foi educado para não aceitar isso. Como se diz, na casa de enforcado não se fala de corda.*

Quando você está diante do negro, dizem que tem que dizer que é moreno, porque se disser que é negro, ele vai se sentir ofendido. O que não quer dizer que ele não deva ser chamado de negro. Ele tem nome, tem identidade, mas quando se fala dele, pode dizer que é negro, não precisa branqueá-lo, torná-lo moreno. O brasileiro foi educado para se comportar assim, para não falar de corda na casa de enforcado. Quando você pega um brasileiro em flagrante de prática racista, ele não aceita, porque não foi educado para isso. Se fosse um americano, ele vai dizer: "Não vou alugar minha casa para um negro". No Brasil, vai dizer: "Olha, amigo, você chegou tarde, acabei de alugar". Porque a educação que o americano recebeu é pra assumir suas práticas racistas, pra ser uma coisa explícita.

[...]

Fórum – Como o senhor vê hoje a aplicação da lei que determina a obrigatoriedade do ensino de cultura africana nas escolas? Os professores, de um modo geral, estão preparados para lidar com a questão racial?

Kabengele – Essa lei já foi objeto de crítica das pessoas que acham que isso também seria uma racialização do Brasil. Pessoas que acham que, sendo a população brasileira uma população mestiça, não é preciso ensinar a cultura do negro, ensinar a história do negro ou da África. Temos uma única história, uma única cultura, que é uma cultura mestiça. Tem pessoas que vão nessa direção, pensam que isso é uma racialização da educação no Brasil.

Mas essa questão do ensino da diversidade na escola não é propriedade do Brasil. Todos os países do mundo lidam com a questão da diversidade, do ensino da diversidade na escola, até os que não foram colonizadores, os nórdicos, com a vinda dos imigrantes, estão tratando da questão da diversidade na escola.

O Brasil deveria tratar dessa questão com mais força, porque é um país que nasceu do encontro das culturas, das civilizações. Os europeus chegaram, a população indígena – dona da terra –, os africanos, depois a última onda imigratória é dos asiáticos. Então tudo isso faz parte das raízes formadoras do Brasil que devem fazer parte da formação do cidadão. Ora, se a gente olhar nosso sistema educativo, percebemos que a história do negro, da África, das populações indígenas não fazia parte da educação do brasileiro.

Nosso modelo de educação é eurocêntrico. Do ponto de vista da historiografia oficial, os portugueses chegaram na África, encontraram os africanos vendendo seus filhos, compraram e levaram para o Brasil. Não foi isso que aconteceu. A história da escravidão é uma história da violência. Quando se fala de contribuições, nunca se fala da África. Se se introduzir a história do outro de uma maneira positiva, isso ajuda.

É por isso que a educação, a introdução da história dele no Brasil, faz parte desse processo de construção do orgulho negro. Ele tem que saber que foi trazido e aqui contribuiu com o seu trabalho, trabalho escravizado, para construir as bases da economia colonial brasileira. Além do mais, houve a resistên-

cia, o negro não era um João-Bobo que simplesmente aceitou, senão a gente não teria rebeliões das senzalas, o Quilombo dos Palmares, que durou quase um século. São provas de resistência e de defesa da dignidade humana. São essas coisas que devem ser ensinadas. Isso faz parte do patrimônio histórico de todos os brasileiros. O branco e o negro têm que conhecer essa história porque é aí que vão poder respeitar os outros.

Voltando a sua pergunta, as dificuldades são de duas ordens. Em primeiro lugar, os educadores não têm formação para ensinar a diversidade. Estudaram em escolas de educação eurocêntrica, onde não se ensinava a história do negro, não estudaram história da África, como vão passar isso aos alunos? Além do mais, a África é um continente, com centenas de culturas e civilizações. São 54 países oficialmente. A primeira coisa é formar os educadores, orientar por onde começou a cultura negra no Brasil, por onde começa essa história. Depois dessa formação, com certo conteúdo, material didático de boa qualidade, que nada tem a ver com a historiografia oficial, o processo pode funcionar.

Fórum – Outra questão que se discute é sobre o negro nos espaços de poder. Não se veem negros como prefeitos, governadores. Como trabalhar contra isso?

Kabengele – O que é um país democrático? Um país democrático, no meu ponto de vista, é um país que reflete a sua diversidade na estrutura de poder. Nela, você vê mulheres ocupando cargos de responsabilidade, no Executivo, no Legislativo, no Judiciário, assim como no setor privado. E ainda os índios, que são os grandes discriminados pela sociedade. Isso seria um país democrático. O fato de você olhar a estrutura de poder e ver poucos negros ou quase não ver negros, não ver mulheres, não ver índios, isso significa que há alguma coisa que não foi feita nesse país. Como construção da democracia, a representatividade da diversidade não existe na estrutura de poder. Por quê?

Se você fizer um levantamento no campo jurídico, quantos desembargadores e juízes negros têm na sociedade brasileira? Se você for pras universidades públicas, quantos professores negros tem, começando por minha própria universidade? Esta universidade tem cerca de 5 mil professores. Quantos professores negros tem na USP? Nessa grande faculdade, que é a Faculdade de Filosofia, Letras e Ciências Humanas (FFLCH), uma das maiores da USP junto com a

Politécnica, tenho certeza de que na minha faculdade fui o primeiro negro a entrar como professor. Desde que entrei no Departamento de Antropologia, não entrou outro. Daqui três anos vou me aposentar. O professor Milton Santos, que era um grande professor, quase Nobel da Geografia, entrou no departamento, veio do exterior e eu já estava aqui. Em toda a USP, não sou capaz de passar de dez pessoas conhecidas. Pode ter mais, mas não chega a 50, exagerando. Se você for para as grandes universidades americanas, Harvard, Princeton, Standford, você vai encontrar mais negros professores do que no Brasil. Lá eles são mais racistas, ou eram mais racistas, mas como explicar tudo isso?

[...]

Fórum – Como o senhor vê o tratamento dado pela mídia à questão racial?

Kabengele – A imprensa faz parte da sociedade. Acho que esse discurso do mito da democracia racial é um discurso também que é absorvido por alguns membros da imprensa. Acho que há uma certa tendência na imprensa pelo fato de ser contra as políticas de ação afirmativa, sendo que também não são muito favoráveis a essa questão da obrigatoriedade do ensino da história do negro na escola.

Houve, no mês passado, a II Conferência Nacional de Promoção da Igualdade Racial. Silêncio completo da imprensa brasileira. Não houve matérias sobre isso. Os grandes jornais da imprensa escrita não pautaram isso. O silêncio faz parte do dispositivo do racismo brasileiro. Como disse Elie Wiesel, o carrasco mata sempre duas vezes. A segunda mata pelo silêncio. O silêncio é uma maneira de você matar a consciência de um povo. Porque se falar sobre isso abertamente, as pessoas vão buscar saber, se conscientizar, mas se ficar no silêncio a coisa morre por aí. Então acho que o silêncio da imprensa, no meu ponto de vista, passa por essa estratégia, é o não dito.

Acabei de passar por uma experiência interessante. Saí da Conferência Nacional e fui para Barcelona, convidado por um grupo de brasileiros que pratica capoeira. Claro, receberam recursos do Ministério das Relações Exteriores, que pagou minha passagem e a estadia. Era uma reunião pequena de capoeiristas e fiz uma conferência sobre a cultura negra no Brasil. Saiu no El Pais, que é o jornal mais importante da Espanha, noticiou isso, uma coisa pequena. Uma conferência nacional deste tamanho aqui não se fala. É um contrassenso. O silêncio da imprensa não é um silêncio neutro, é um silêncio que indica uma certa orientação da questão racial. Tem que não dizer muita coisa e ficar calado. Amanhã não se fala mais, acabou.

Fonte: Disponível em: <www.revistaforum.com.br/blog/2012/02/nosso-racismo-e-um-crime-perfeito/>. Acesso em: 7 out. 2014.

Nos dizeres de Munanga, a educação é um elemento transformador, capaz de fazer os sujeitos enfrentarem seus preconceitos de forma real e mobilizarem a sociedade. O texto *Orientações e ações para a educação das relações étnico-raciais* preconiza que o ensino seja orientado de forma a criar um projeto que construa posicionamentos em relação às questões sociais. Não trata valores apenas como conceitos, perspectiva que deve se engendrar em todos os conteúdos.

Há muitos aspectos relevantes na entrevista, entretanto, destaca-se *o papel da mídia* e do *não dito* na construção e na manutenção de preconceitos, aspectos mais do que relevantes para serem trabalhados em sala de aula. É importante que a escola e os educadores saiam da zona de conforto para a análise efetiva da realidade, afinal, posicionar-se sobre esta significa perceber que, por exemplo, uma manifestação de comunidades indígenas sobre a construção, ou não, de uma hidrelétrica não é somente um ato isolado que não afeta as diferentes regiões do país; o grito de um torcedor incitando violência ou chamando um jogador de "macaco" não diz respeito somente à torcida, e assim por diante.

No caso específico de Língua Portuguesa, seria possível fazer o seguinte percurso esquemático para o planejamento de atividades:

> A entrevista aqui utilizada pode ser encontrada na íntegra no link. Ela também pode ser usada pelo professor em sala de aula para tratar dos aspectos políticos nacionais e internacionais a respeito do racismo.

ANÁLISE DA REALIDADE DO ALUNO DIRECIONADA PELOS CONCEITOS E PRINCÍPIOS NORTEADORES DE TEMAS TRANSVERSAIS → ANÁLISE DOS GÊNEROS LOCAIS → LEITURA E EXPLORAÇÃO DE GÊNEROS E ATIVIDADES CONJUGADOS COM A REALIDADE

ANÁLISE DO CONTEXTO DE PRODUÇÃO E FAIXA ETÁRIA → LISTAGEM DE ASPECTOS DISCURSIVOS A SEREM EXPLORADOS → PLANEJAMENTO E ADEQUAÇÃO DOS ESPAÇOS DE APRENDIZAGEM

APLICAÇÃO FOCANDO ANÁLISE DO NÃO DITO

9.2 UMA REFLEXÃO SOBRE A PRÁTICA

> Emicida: Emicida é o nome artístico do *rapper* paulistano Leandro Roque de Oliveira.

Emicida lança música em homenagem a Darcy Ribeiro – 13 Março 2014

Emicida divulgou ontem, em seu canal oficial no YouTube, um clipe da música inédita "Obrigado, Darcy (O Brasil Que Vai Além)", em parceria com Rael. A faixa é uma homenagem do rapper ao antropólogo, escritor e político Darcy Ribeiro, pensador referência nos estudos dos aspectos sociais e antropológicos sobre o povo brasileiro.

A letra da canção remete ao conteúdo das obras de Ribeiro – sempre atento e sensível ao caráter de sincretismo étnico da população do Brasil –, como em um de seus livros mais prestigiados, O Povo Brasileiro (1995), em que o teórico aponta os aspectos da formação histórica e cultural do nosso povo. O antropólogo dizia que este livro contava uma das mais lindas histórias da humanidade: a aventura do Brasil se fazendo a si mesmo, um povo que constitui um novo gênero humano. Emicida chega a cantar em um verso: "O sonho de Darcy Ribeiro dorme em cada brasileiro".

> No site, o professor ainda tem acesso ao vídeo de divulgação do CD e ao videoclipe.

Fonte: Disponível em: <www.billboard.com.br/noticias/emicida-lanca-musica--em-homenagem-a-darcy-ribeiro/>. Acesso em: 27 abr. 2015.

Sugestão 1: da pesquisa à canção

O professor pode construir uma sequência didática em que os alunos, antes mesmo de ouvir a música, pesquisam sobre temáticas presentes na letra da canção: a vida de Darcy Ribeiro e a sua obra, a vida de Zumbi dos Palmares, a história das relações étnico-raciais no Brasil, as nações indígenas e a miscigenação. A atividade pode ser dividida nas seguintes fases:

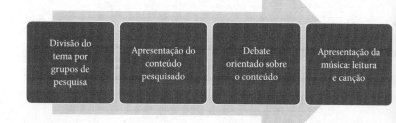

Sugestão 2: da História à Literatura

A obra *O povo brasileiro: a formação e o sentido do Brasil*, de Darcy Ribeiro, pode ser lida pelos alunos ou o professor pode fazer uma leitura partilhada de trechos da obra, relacionando o conteúdo à literatura brasileira. Pode fazer relação, por exemplo, entre a idealização do índio das obras de José de Alencar e a realidade expressa no texto de Darcy. Também é possível selecionar poemas de Castro Alves e de Gonçalves Dias para analisar, fazendo a mesma relação.

Sugestão 3: da fala à canção

Seguramente, o *rap* traz elementos relacionados à oralidade, como gírias, jargões e conectivos conversacionais. No entanto, sofre adequações impostas pela rima, pela métrica e pela própria escrita. O professor pode pedir ao aluno que grave situações de fala de adolescentes para comparar com esse estilo musical, assinalando diferenças entre falar, declamar, cantar, entre outros modos.

Sugestão 4: da poesia urbana à urbanidade

O *rap* como parte da arte urbana retrata críticas políticas e sociais no mundo inteiro. Como parte desse movimento, a poesia visual surge para incomodar, trazendo, na estética apresentada, os conflitos que abalam a sociedade. O professor pode relacionar a própria realidade do aluno, seu universo urbano, a todos os contextos reconstruídos por Emicida em sua canção e a diversos os contextos mundiais, como, por exemplo, a arte de Banksy.

Rap: Estilo musical que faz parte da cultura *hip-hop*. Ganhou força maior a partir de 1970 nas comunidades negras dos Estados Unidos.

Poesia urbana: Poesia urbana é uma manifestação artística que relaciona poesia e práticas políticas e sociais. Costuma partilhar o sentimento de injustiça e reprovar a exploração e a desigualdade, apresentando temas relacionados a essas questões. Pode associar linguagem verbal e não verbal em forma de grafite, divulgação virtual ou impressa.

Urbanidade: É a ampliação dos espaços de utilização urbana promovida não somente por intervenções arquitetônicas como também por intervenções artísticas, fazendo o espaço público dialogar com a realidade sociocultural.

Banksy: Banksy é o pseudônimo de Robert Banks, ativista político inglês, pintor, cineasta e grafiteiro mundialmente conhecido por seus grafites em estêncil que dialogam com problemas políticos locais e mundiais.

Crédito: Deptford Jon/Flickr

148   Língua Portuguesa

> Discursividade: Aqui, entende-se discursividade relacionada à noção de discurso enquanto prática social e às múltiplas relações semânticas que emanam dos processos de interação gerados nessas práticas.

Sugestão 5: do dito à discursividade

São muitos os âmbitos sociais presentes na canção reveladores de arquétipos, ideologias e preconceitos arraigados na sociedade. O professor pode fazer a leitura, buscando construir com os alunos um percurso semântico que desvele esses universos e todas as questões sociais por trás deles. A seguir, um exemplo:

Calo nas mãos	Universo do trabalho (escravidão, exploração física e salarial atual, condições de trabalho etc.)
Bola nos pés	Futebol
Banzo ou não	Samba
Diz quem tu és	Cidadania

Sugestão 6: sites

Aqui, alguns sites cujo conteúdo pode ser usado pelo professor como apoio para as aulas.

1) No blog, é possível encontrar materiais diversificados sobre as questões que envolvem a africanidade no Brasil. O texto de Alexandre Emboaba Costa pode ser utilizado em sala como elemento para debates e ampliação do conhecimento da temática.

- COSTA, Alexandre Emboaba. Mobilizando a ancestralidade afro-brasileira para a transformação das relações sociais e o desenvolvimento global. Disponível em: http://culturadigital.br/conferencialivreemribeiraopreto/textos/mobilizando-a-ancestralidade-afro-brasileira/. Acesso em: 21 out. 2015.

2) O site das Nações Unidas apresenta material de relevância incontestável para tratar de assuntos como discriminação, escravidão e exploração trabalhista. Além de possibilitar a comparação de realidades sociais diferentes.

- http://www.pnud.org.br/rdh. Acesso em: 21 out. 2015.

3) O blog apresenta textos polêmicos que envolvem preconceitos e racismo. É importante que o professor busque diferen-

Capítulo 9   Questões à parte: a diversidade em pauta   **149**

tes fontes de textos e gêneros para demonstrar como o discurso do racismo e da opressão faz parte ainda da sociedade.

- http://www.mulheresreais.blog.br/?p=416. Acesso em: 21 out. 2015.

4) Parecer sobre as denúncias de racismo no texto "Caçadas de Pedrinho" com "orientações para que a Secretaria de Educação do Distrito Federal se abstenha de utilizar material que não se coadune com as políticas públicas para uma educação antirracista". Caso o professor trabalhe em instituições que utilizem textos de Lobato e considere interessante analisar essa perspectiva, é possível fazer um paralelo com o texto do leitor da Revista Carta Capital presente no link a seguir.

- http://portal.mec.gov.br/index.php?option=com_ docman&view=download&alias=6702-pceb015- -10&category_slug=setembro-2010-pdf&Itemid=30192

5) Esse texto pode apoiar a comparação ou a discussão em sala de aula sobre o racismo no Brasil.

- http://www.cartacapital.com.br/politica/monteiro-lobato-racismo-e-cne. Acesso em: 21 out. 2015.

Este site é engajado no Movimento Negro Nacional, apresenta denúncias de preconceitos de gênero e racismos, divulga eventos e textos atuais e relevantes. Nele, o professor poderá obter informações atualizadas e textos para trabalhar em sala de aula.

- http://www.geledes.org.br/. Acesso em: 21 out. 2015.

» Atividades e documentos oficiais.

Nos links abaixo, o professor tem acesso a documentos oficiais que, além de apresentarem respaldo legal, oferecem aulas, materiais e atividades de qualidade produzidos por pesquisadores e professores envolvidos nos Movimentos Negros Nacionais e em diferentes áreas de pesquisas como Antropologia, Sociologia, Linguística e outra. Estão disponíveis gratuitamente.

- http://portal.mec.gov.br/dmdocuments/orientacoes_etnicoraciais.pdf
- http://portalsme.prefeitura.sp.gov.br/Projetos/BibliPed/ Documentos/publicacoes/CadOrientDid_etnia2010.pdf

- http://portal.mec.gov.br/seb/arquivos/pdf/livro081.pdf
- http://portaldoprofessor.mec.gov.br/fichaTecnicaAula html?aula=15375

Sugestão 7: vídeos, filmes e canções

No documento *Orientações e ações para a educação das relações étnico-raciais*, há uma lista riquíssima de vídeos, filmes e canções a partir da página 188.

PARA FINALIZAR

Em vez de finalizar, prefere-se considerar este capítulo uma brecha preliminar para a construção de ações afirmativas em sala de aula. Isso porque sempre é possível reconstruir percursos e rever conceitos. Neste capítulo, procurou-se deixar algumas inquietações que devem ou deveriam povoar o imaginário educacional, no sentido de buscar construir contribuições para minimizar diferenças sociais e atitudes preconceituosas. Pensando no que disse Mia Couto na obra citada anteriormente e na realidade nacional, ainda é possível afirmar:

> *Se olharmos lá para fora, a África contrasta conosco, porque vive ainda o drama de sua europeização, prosseguida por sua própria liderança libertária, que tem mais horror à tribalidade que sobrevive e ameaça explodir do que à recolonização. São ilusões! Se os índios sobreviventes do Brasil resistiram a tanta brutalidade durante quinhentos anos e continuam sendo eles mesmos, seus equivalentes na África sobreviverão também para rir na cara de seus líderes neoeuropeizadores. Mundos mais longínquos como os orientais, mais maduros que a própria Europa, se estruturam na nova civilização, mantendo seu ser, sua cara. Nós, brasileiros, nesse quadro, somos um povo em ser, impedido de sê-lo. Um povo mestiço na carne e no espírito, já que aqui a mestiçagem nunca foi crime ou pecado. Nela fomos feitos e ainda continuamos nos fazendo. Essa massa de nativos oriundos da mestiçagem viveu por séculos sem consciência de si, afundada na runguendade. Assim foi, até se definir como uma nova identidade étnico-nacional, a de brasileiros. Um povo até hoje em ser, na dura busca de seu destino. (RIBEIRO, 1995, p. 453)*

Cabe também à escola partilhar dessa busca e contribuir para a compreensão desse *ser-brasileiro*, entendendo as questões étnico-

Capítulo 9 Questões à parte: a diversidade em pauta **151**

-raciais como parte integrante do processo pedagógico-interacional, por ser redundantemente parte integrante da sociedade na qual a escola está inserida. Assim, constata-se que não se deve tratar a temática apenas como um conteúdo a mais no currículo.

REFERÊNCIAS BIBLIOGRÁFICAS

BRASIL. Ministério da Educação. Secretária de Educação Fundamental. **Parâmetros Curriculares Nacionais:** introdução aos Parâmetros Curriculares Nacionais. Brasília, DF, 1997.

_____. Ministério da Educação. **Orientações e ações para a educação das relações étnico-raciais.** Brasília, DF, SECAD, 2006.

COUTO, M. **E se Obama fosse africano?** E outras intervenções: ensaios. São Paulo: Companhia das Letras, 2010.

FERNANDES, F. **Integração do negro na sociedade de classes:** ensaio de interpretação sociológica. Rio de Janeiro: Editora Globo, 2008. v. I.

_____. A questão racial brasileira. **Revista USP**, São Paulo, n. 68, p. 168-179, dez./fev. 2005-2006.

HASENBALG, C. **Discriminação e desigualdades raciais no Brasil.** Belo Horizonte: Ed. UFMG, 2005.

MUNANGA, K. **Negritude:** usos e sentidos. Belo Horizonte: Autêntica, 2009.

_____. Nosso racismo é um crime perfeito. **Revista Fórum,** 9 fev. 2012. Disponível em: <www.revistaforum.com.br/blog/2012/02/nosso-racismo-e-um-crime-perfeito/>. Acesso em: 7 out. 2014.

NASCIMENTO, J. V. (Org.). **Espaços da textualidade e da discursividade:** no ensino de Língua Portuguesa. São Paulo: Terracota Editora, 2013.

OLIVEIRA, J. M. de (Org.). **Interfaces das africanidades:** em educação nas Minas Gerais. Juiz de Fora: Editora UFJF, 2013.

RIBEIRO, D. **O povo brasileiro:** a formação e o sentido do Brasil. São Paulo: Companhia das Letras, 1995.

SILVA, N. do V. Extensão e natureza das desigualdades raciais no Brasil. In: LYNN, H.; GUIMARÃES, A. S. A. (Org.). **Tirando a máscara:** ensaios sobre o racismo no Brasil. São Paulo: Paz e Terra, 2000.

10

A avaliação nas aulas de Língua Portuguesa: como avaliar no contexto do Ensino Médio

Márcia Antonia Guedes Molina

10.1 AVALIAÇÃO: PERCURSO HISTÓRICO

Neste capítulo, pretende-se discutir a avaliação de Língua Portuguesa no Ensino Médio, em especial. Para isso, faz-se a seguinte indagação: O que é avaliar?

Gadotti (1987) dá ênfase à dimensão técnica da avaliação, destacando que faz parte das reflexões sobre a atividade humana. Aponta que é aplicável a qualquer área e que orienta até as mais singelas atividades diárias das pessoas. Ainda reforça que, mesmo de maneira informal, em âmbito social restrito ou irrestrito, o indivíduo é sempre avaliado: "Avaliação é um processo contínuo e inevitável que, consciente ou inconscientemente, começa quando acordamos" (SBERT apud BALLESTER, 2003, p. 67). Todos se avaliam e são avaliados com relação ao que usam, às palavras que proferem, às situações pelas quais passam, nas relações pessoais e profissionais etc. Assim, a avaliação não é uma atividade exclusivamente escolar, ao contrário, pois, enquanto fenômeno humano, compõe a história do próprio homem.

Em relação à escola, o uso de instrumentos de avaliação, como exames e provas, é recente. Weber (2003) afirma que foram as necessidades do capitalismo, com suas demandas técnicas, empregados e homens de instrução, por exemplo, que introduziram os instrumentos de avaliação em todo o mundo. A avaliação, como é compreendida hoje, começou a ser aplicada no século XVIII, especialmente na França, com a institucionalização da educação.

> **Avaliar:** São três os tipos de avaliação hoje: diagnóstica, formativa e somativa. De todo modo, deve-se pensar em uma avaliação libertadora e emancipatória.
>
> **Atividade humana:** Avaliar, enquanto fenômeno humano, compõe a história do próprio homem.

Colégio de Pedro II: O Colégio Pedro II, fundado em 1838, é uma tradicional instituição localizada no estado do Rio de Janeiro. É o terceiro mais antigo dentre os colégios em atividade no país, depois do Ginásio Pernambucano e do Atheneu Norte-Rio-Grandense. Seu nome é uma homenagem ao imperador do Brasil D. Pedro II, muito preocupado com a questão cultural. A instituição foi responsável pela formação da elite nacional. De lá, saíram políticos e intelectuais que ocuparam altos postos.

Panorama: Em um paradigma educacional de ensino e aprendizagem significativo, a avaliação passou a ser entendida como um instrumento de coleta de informação.

Acolhimento: Ação ou efeito de acolher; acolhida. Modo de receber ou maneira de ser recebido; consideração. Boa acolhida; hospitalidade. Lugar em que há segurança; abrigo. Exemplo: Numa avaliação *acolhedora*, o aluno passa a sentir-se agente do processo e não vítima.

Aqui no Brasil, documentos mostram que, para ingressar no Colégio de Pedro II – modelo educacional no século XIX –, os alunos deviam prestar exames para os quais se preparavam com muito afinco. Esses exames tinham duas etapas: uma prova escrita e outra oral. Os temas das provas eram sorteados na hora pelo candidato de um rol previamente estabelecido pelos professores. Os alunos eram, então, reprovados ou aprovados e devidamente classificados. Vale ressaltar que ingressar nesse colégio era uma garantia de que o jovem teria uma sólida formação e uma possível carreira de sucesso.

Os exames eram tão importantes que o programa de português, idealizado por Fausto Barreto, em 1877, norteou a produção de inúmeras obras gramaticais no período.

Nessa instância e durante grande parte do século XX, a avaliação escolar era compreendida como "avaliação da aprendizagem". Era uma medição de conhecimentos e possuía caráter fortemente punitivo, castrador e classificatório. Era feita para reprovar e aprovar e, no caso de aprovação, classificar. Esse panorama só começou a mudar nas últimas décadas do século XX, com as contribuições de estudiosos como Piaget e Vygotsky, que conceberam o processo construtivo do conhecimento.

10.2 AVALIAÇÃO HOJE

Atualmente, Luckesi (2011) entende que o ato de avaliar pressupõe acolhimento. Para o autor, apenas o professor que tiver disposição de acolher terá a avaliação como um instrumento de melhora na relação ensino/aprendizagem. E esta é a importante mudança de foco: a avaliação deixou de ser "da aprendizagem" para ser entendida em uma relação dialógica de "ensino e aprendizagem". Em um paradigma educacional de ensino e aprendizagem significativo, a avaliação passou a ser entendida como um instrumento de coleta de informação, sistematização e interpretação de dados que, depois de tratados e trabalhados, geram uma tomada de posição.

Assim, para que isso ocorra, o primeiro tipo de avaliação que deve ser pensado pelo professor em sua prática docente é a *diagnóstica*, que visa conhecer o educando e, a partir de seus conhecimentos prévios, ser "acolhedora", ou seja, valorizar os alunos, respeitando suas diferenças, seu crescimento, suas potencialidades. Desse modo, o professor, ao planejar sua prática, deve conhecer seu aluno, o contexto sócio-histórico em que está inserido, o que

Capítulo 10 A avaliação nas aulas de Língua Portuguesa: como avaliar no contexto do Ensino Médio **155**

ele traz e o que importa saber para seu crescimento como cidadão e, em seguida, refletir sobre esses pontos.

Luckesi (2011) ainda destaca que outro fator importante a ser relevado no processo é o caráter dialógico da avaliação: ao mesmo tempo que informa sobre os alunos, informa sobre a prática docente, possibilitando um alinhamento de seu percurso em sala de aula.

Outro tipo de avaliação importante é a *formativa*, ou seja, aquela que vai dizer como se dará o processo. Além da *diagnóstica* e da *formativa*, o sistema acaba por exigir a *somativa*, que é aquela que nos informa se os objetivos propostos para a disciplina foram alcançados e de que forma o foram. Essa forma deve ser repensada, porque o objetivo do ensino é legitimar o desenvolvimento do sujeito e de suas habilidades.

De acordo com Cano:

[...] isso requer uma escola centrada em um currículo que priorize um cotidiano voltado para as expectativas de aprendizagem e a emancipação de um sujeito crítico e transformador, que possa ser integral no seu desenvolvimento, portanto transdisciplinar. E entenda que ele, dentro de um mundo coletivo e democrático, constrói o conhecimento de forma relativizada às diferentes práticas sociais, dos diferentes grupos que se interagem por meio dos gêneros dos discursos correspondentes. (s.d.)

Assim, se o olhar final vai advir do progresso e do desenvolvimento do aluno, não há como se falar de uma avaliação somativa.

Como aponta Lacueva:

Nuestra propuesta va por otro camino y dentro de ella estas tres categorias [diagnóstica, formativa e somativa] pierden realmente sentido. Rescatamos de este planteamiento la concepción de que no toda evaluación es para poner una nota, sino que puede hacerse para cumplir otras funciones más importantes. (1997, s.p.)

> Tradução livre do trecho: Nossa proposta vai por outro caminho e dentro dela estas três categorias [diagnóstica, formativa e somativa] perdem o sentido. Resgatamos dessa abordagem a ideia de que a avaliação não deve ser feita apenas para se dar uma nota, mas pode cumprir outras funções importantes.

Infelizmente, reforça-se aqui que, no sistema educacional brasileiro, são previstas avaliações que favoreçam ou não a ascensão do aluno ao ano superior; entretanto isso urge ser repensado pelo cotidiano docente. É importante que o professor enxergue o aluno em sua individualidade: nas competências já trazidas, nas adquiridas e nas que o formam ao longo do processo.

Uma alternativa para solucionar essa questão seria a adoção a sugestão de Hoffman (1996). A autora propõe a avaliação *mediadora*, em oposição ao modelo tradicional: ensinar × transmitir × classificar × excluir. Na avaliação mediadora, verifica-se como o aluno constrói seu conhecimento em relação ao meio em que está inserido e realiza intervenções quando necessário.

De toda forma, frisa-se que o processo avaliativo deve ser pensado sempre como uma via de duas mãos, isto é, ao mesmo tempo que informa sobre o aluno, possibilita que o professor avalie seu próprio percurso, coordenando suas atividades, organizado e (re)organizando sua prática. Para que o processo possa ser acompanhado de forma significativa, julga-se que diversos instrumentos devam ser utilizados de forma a acompanhar o aluno individualmente ou em grupo. Em sua relação com os demais, observa-se como age isoladamente e em situações de interação.

A Lei de Diretrizes e Bases da Educação Nacional (LDB) determina que a avaliação seja contínua e cumulativa e que os aspectos qualitativos prevaleçam sobre os quantitativos. Se for imprescindível a classificação, que essa seja feita de forma a valorizar as diferenças, contrariamente àquele posicionamento tecnicista em que as pessoas são vistas como objetos saídos de linhas de montagem, totalmente iguais.

Após essas considerações acerca da avaliação, uma questão emerge: como proceder em relação a isso em aulas de Língua Portuguesa? Uma atividade relevante a ser proposta aos alunos do Ensino Médio, por meio da qual se podem avaliar suas conquistas, é a de produção textual (oral e escrita), da qual se trata a seguir.

10.3 AVALIAÇÃO NO ENSINO MÉDIO EM AULA DE LÍNGUA PORTUGUESA

Antes de abordar a avaliação, não se pode esquecer que, ao final do Ensino Médio, espera-se que os alunos tenham ampliado os conhecimentos adquiridos no primeiro e no segundo ciclos do Ensino Fundamental. Deseja-se que eles, dentre outras habilidades:

- compreendam e usem os sistemas simbólicos das diferentes linguagens;
- analisem, interpretem e apliquem recursos expressivos da linguagem, relacionando com textos e contextos;

Capítulo 10 A avaliação nas aulas de Língua Portuguesa: como avaliar no contexto do Ensino Médio   **157**

- confrontem opiniões e pontos de vistas sobre diferentes linguagens;

- respeitem e preservem diferentes linguagens utilizadas por diferentes grupos sociais;

- utilizem a linguagem como meio de expressão, em situação interativa, em que seja necessário distanciamento e reflexão;

- compreendam e usem a Língua Portuguesa como língua materna, geradora de significado;

- construam sua autonomia para atuar em nossa sociedade, tecnologicamente complexa e globalizada.

Como apontado, uma atividade em que essas habilidades mais se expressam é a de produção textual, tanto oral quanto escrita. Não é raro encontrar em obras que tratam dessa questão as dificuldades com que deparam aqueles que se propõem a produzir textos. Realmente, ninguém nasce sabendo escrever ou falar bem, entretanto, desde que haja empenho, constante contato com vários tipos de textos, muita leitura e orientação segura, todos podem desenvolver sua competência linguística. Evidentemente, trata-se de um processo que não se dá de um dia para o outro, mas sim de um "saber-fazer" que se conquista ao longo de uma extensa caminhada que vai além dos bancos escolares.

> **Tanto oral quanto escrita:** Dadas as limitações espaciais, neste capítulo tratar-se-á somente da produção textual escrita.

Produzir bons textos requer um certo domínio:

- do conteúdo abordado (por isso a necessidade de leitura, de formação de repertório, de trabalho interdisciplinar);

- do conhecimento do gênero textual em que a produção se inscreve (por isso a importância de contato frequente com textos de gêneros diversos);

- da percepção de questões pragmáticas relacionadas ao texto, por exemplo.

Quando se fala em "questões pragmáticas", pretende-se dizer que é preciso pensar no contexto situacional e/ou comunicativo em que está inserido o texto, na sua organização estrutural e formal, na variante adequada àquela proposta. Tudo isso faz todos se sentirem, algumas vezes, pouco à vontade diante de uma folha de papel em branco, de uma tela de computador ou de um público ouvinte. Ocorre que se pode até ter boas ideias a respeito do assunto a tratar, mas na hora de organizá-las em textos, são encontradas dificuldades.

Para que isso não aconteça e para que o aluno produza bons textos, é preciso que se veja sentido na atividade. Por isso a proposta deve ser adequada ao conteúdo abordado, aos objetivos ambicionados pela disciplina, ao contexto sociocultural em que ele, o estudante, esteja inserido. Como solicitar a um aluno de uma escola rural, por exemplo, a elaboração de um texto que verse sobre a violência no mundo urbano? A busca pela palavra exata, pelo texto bem organizado, com coesão, coerência e clareza, envolve conhecimento prévio, esforço, trabalho sistemático e uma avaliação que caminhe para acompanhamento e orientação e não para punição.

Quem não sente prazer em ser elogiado quando, em uma discussão, apresenta um argumento tão apropriado e persuasivo que consegue fazer seu interlocutor mudar de posição sobre o assunto tratado? Ou quando são apontadas as qualidades de seu texto escrito? Ao contrário, quantos não se sentem extremamente pouco à vontade ao receber a redação lotada de rabiscos vermelhos, fruto de correções vazias? E quantos passam, depois disso, a ter "medo" de escrever por causa dos "erros"?

Para Moretto:

> *Cabe aqui uma reflexão sobre o conceito de "erro". No contexto escolar, normalmente o erro é considerado um mal a ser eliminado a qualquer preço. Os erros são assinalados com cores vermelhas, muitas vezes com uma "cruz" (X) em caneta vermelha para ficar bem evidente. Nem sempre se busca a razão do erro. Muito menos se faz dele um ponto de partida para a busca do acerto [...]. (2001, p. 68)*

Assim, se produzir textos é um ato fundamental, avaliá-los criteriosa e acolhedoramente também passa a ser imprescindível no contexto escolar, mas como fazê-lo?

No caso de produção textual, primeiramente, é preciso verificar o tipo de produção que está sendo proposta. Já se sabe da importância da noção de gênero textual. Deve-se recordar que, para Bakhtin, os gêneros são formas-padrão "relativamente estáveis" de enunciados e determinados de modo sócio-histórico. O autor informa que o ser humano se comunica, fala e escreve sempre por meio de determinados gêneros que são dados "quase da mesma forma com que nos é dada a língua materna, a qual dominamos livremente até começarmos o estudo da gramática" (2003, p. 282).

Gênero textual: De acordo com Bakhtin (2003), os três elementos – conteúdo temático, estilo e construção composicional – fundem-se indissoluvelmente no todo do enunciado, e todos eles são marcados pela especificidade de uma esfera de comunicação chamada gênero.

O professor deve oferecer aos alunos textos dos diversos gêneros que circulam na sociedade e, ao solicitar sua produção, avaliá-los de acordo com sua especificidade. Uma coisa é avaliar uma produção poética, outra, completamente diversa, é avaliar um e-mail ou uma conversa informal entre amigos, em sites de relacionamentos. Assim, antes de tudo, convém observar qual o gênero daquele texto, verificar sua forma, sua estrutura e estilo. Além disso, deve-se pensar qual variante linguística é a mais adequada para aquele tipo de texto.

Outrora, a avaliação das produções textuais levava em conta tão somente as questões gramaticais, relevando-se apenas a norma culta e os aspectos estilísticos, que são muito subjetivos. Hoje, há de se considerar outras questões.

Trevizan (1998, p. 18-22) sugere três dimensões a serem observadas na e para a avaliação de produções textuais:

- Dimensão gramatical: "relações dos signos entre si, firmadas pela combinação sintática dos elementos lexicais selecionados";

- Dimensão semântica: "relações dos signos com os conteúdos designados";

- Dimensão pragmática: "relação dinâmica que liga as variáveis de sentido às variáveis das condições situacionais de produção e de recepção da mensagem".

Soma-se a essas dimensões, a *estrutural*, ou seja, as "relações entre as partes que compõem o texto", atendendo à especificidade do gênero em que ele se inscreve.

Dessa forma, por exemplo, se o professor for avaliar uma notícia de jornal produzida pelo aluno, deve observar:

1. Dimensão estrutural × gramatical: se a notícia apresenta título, *lead* e corpo do texto, ou seja, se a estrutura atende ao gênero textual solicitado, se a variante escolhida pelo aluno atende ao que se espera em um texto jornalístico, se há coesão etc.

2. Dimensão semântica: se o nível de linguagem está adequado ao veículo em que circulará o texto e ao interlocutor em potencial que a lerá, se é o suficiente, como se espera de um texto com essa especificidade, se as escolhas estão adequadas para o nível de informação a ser veiculado.

3. Dimensão pragmática: se favorece uma interação com o leitor, por exemplo.

O aluno de Língua Portuguesa no Ensino Médio deve, portanto, demonstrar as competências e habilidades linguísticas, pragmáticas e discursivas adquiridas no Ensino Fundamental, desenvolvendo-as ainda mais. É isso que o professor atento deve balizar em suas avaliações: pesar o adquirido e o que e como tem sido a formação do educando ao longo do período, pensando de forma qualitativa, predominantemente.

Também é preciso recordar, então, as três dimensões que compreendem a competência: conhecimentos, habilidades e atitudes. É isso que demonstra o quadro de Durand (apud BRANDÃO; GUIMARÃES, 2001, p. 10):

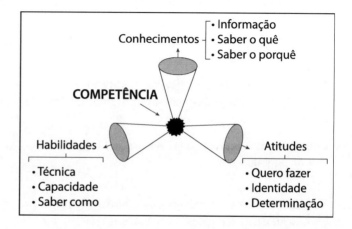

Figura 10.1 – *Dimensões da competência.*

Acredita-se que uma boa avaliação deve caminhar por aí, percorrendo as três dimensões propostas por Trevizan (1998) e as três sugeridas por Durand, que podem, se reunidas, resultar no instrumento apresentado a seguir como modo de orientar o trabalho do professor na instância da avaliação.

10.4 SUGESTÃO DE FICHA DE AVALIAÇÃO DE PRODUÇÃO TEXTUAL PARA O ENSINO MÉDIO

Propõe-se, agora, um instrumento de avaliação que não pondera acertos nem erros, mas sim aquisição e desenvolvimento de habilidades. Pode ser utilizado no cotidiano escolar.

A seguir, exemplo de ficha de avaliação.

Capítulo 10 A avaliação nas aulas de Língua Portuguesa: como avaliar no contexto do Ensino Médio

[NOME DA ESCOLA]

FICHA DE AVALIAÇÃO DE PRODUÇÃO TEXTUAL ESCRITA

Aluno(a): _____ Ano: _____ Ensino Médio

Componentes curriculares: _____

Professor(a): _____

Período letivo: _____

Conteúdo: _____

Competências	Conhecimento	Habilidades	Atitudes
Dimensões textuais	Estrutural/ Gramatical	Semântica	Pragmática
Assinatura: Data:	Observações:	Sugestões:	Resumo:

Observa-se que não se está meramente pensando a avaliação em termos de acertos e erros, mas em dimensões. Em cada um dos itens, os alunos podem ser avaliados, por exemplo, em níveis – nível 1, nível 2 e nível 3 –, pensando em uma escala ascendente em que no nível 3 estariam, por exemplo, os que adquiriram os conteúdos ministrados no Ensino Fundamental; no nível 2, ficam os que assimilaram esses conteúdos e estão assimilando o conteúdo ministrado no Ensino Médio; e no nível 1, estão aqueles que já caminharam para além do esperado, em sua individualidade, em sua relação com o grupo, de acordo com o contexto em que está inserido.

Ao término do processo, julga-se que são obtidos com mais precisão os pontos nos quais cada aluno precisa de um olhar mais atento, de mais orientação, de mais dedicação. Além disso, é possível constatar qual pode adquirir sozinho e qual precisa de intervenção. Como se pode observar, como resultado, não se tem uma avaliação excludente nem classificatória, mas sim acolhedora, emancipatória.

Afora isso, esse trabalho favorece aquela via de dois sentidos, referida anteriormente. Assim, depois de findo o processo, pode-se analisar, por exemplo, se, em alguma das dimensões pontuadas, há um número grande de alunos no nível 1 ou no 2, e se vale questionar o que isso significa no todo, ponderando a necessidade ou não de intervenção.

Deseja-se, contudo, frisar que essa é apenas uma sugestão de instrumento de avaliação. A partir dele, o leitor deve refletir e buscar o que melhor se adapta à sua turma.

PARA FINALIZAR

Neste capítulo, fez-se algumas reflexões acerca da avaliação. Viu-se como o conceito veio se desenvolvendo através do tempo e chegou aos dias atuais em que, com os estudos construtivistas, a avaliação é vista como instrumento de informação do processo, que orienta tanto o aluno quanto o professor.

Além disso, foram abordados alguns tipos de avaliação e constatou-se que, entre elas, as que mais podem auxiliar no desenvolvimento da prática docente são a formativa e a mediadora, uma vez que podem informar como tem sido o caminhar do aluno ou da turma durante o processo. Concluiu-se também que a avaliação deve ser libertadora, emancipatória, de forma a favorecer a construção do conhecimento mais autônomo, sem amarras, sem repressão, sem humilhação.

Não se pode esquecer que, no Ensino Médio, cabe aos alunos o desenvolvimento das habilidades e das competências adquiridas no Ensino Fundamental. Logo, a produção textual é uma excelente atividade para que se possa avaliar se isso foi atingido.

Foi proposto um instrumento de coleta de dados (ficha) para avaliação das produções escritas, um mero ponto de partida para aqueles que têm preocupação com uma análise crítica do aluno e de exercício profissional. A avaliação é, portanto, um processo de aprendizado também para o professor, no sentido em que ele entende sua turma, suas conquistas, fragilidades e necessidades. Não se pode esquecer que, parafraseando as sábias palavras do mestre Guimarães Rosa, "professor não é quem ensina, mas é também quem de repente aprende" (2009).

REFERÊNCIAS BIBLIOGRÁFICAS

BALLESTER, M. et al. **Avaliação como apoio à aprendizagem**. Porto Alegre: Artmet, 2003.

BAKHTIN, M. **Estética da criação verbal**. São Paulo: Martins Fontes, 2003.

BRANDÃO, H. P.; GUIMARÃES, T. de A. Gestão de competências e gestão de desempenho. **Revista RAE**, São Paulo, v. 41, n. 1, jan./mar. 2001.

CANO, R. M. O. **Sujeito, autonomia e avaliação** (no prelo), s.d.

GADOTTI, M. **O pensamento pedagógico brasileiro**. São Paulo: Ática, 1987.

HOFFMAN, J. **Avaliação Mediadora:** uma prática em construção da pré-escola à Universidade. 8. ed. Porto Alegre: Mediação, 1996.

LACUEVA, A. La evaluación en la escuela: una ayuda para seguir aprendiendo. **Revista da Faculdade de Educação**, São Paulo, v. 23, n. 1-2, jan./dez. 1997. Disponível em: <http://www.scielo.br/scielo.php?pid=S0102-25551997000100008&script=sci_arttext>. Acesso em: 14 ago. 2014.

LUCKESI, C. C. **Avaliação da aprendizagem:** componente do ato pedagógico. São Paulo: Cortez, 2011.

MORETTO, V. P. **Prova:** um momento privilegiado de estudo – não um acerto de contas. Rio de Janeiro: DP&A, 2001.

ROSA, G. **Grande Sertão:** Veredas. São Paulo: Nova Fronteira, 2009.

TREVIZAN, Z. **As malhas do texto:** escola literatura cinema. São Paulo: Clíper, 1998.

WEBER, M. **Ciência e política**. São Paulo: Matin Claret, 2003.